容齋隨筆

2

宋 洪邁 著

明崇禎三年刊

第二册

容齋續筆目録

卷第一 十八則

卷第二 十八則

卷第四十七則

卷第五　十二則

卷第六十五則

卷第七　十七則

卷第九　十四則

卷第十　十七則

卷第十一　十五則

卷第十二　十二則

列子書事　天生對偶
銅雀瓘硯　崔斯立
漢書注冗

卷第十三　十四則

科舉恩數　下第再試
試賦用韻　正元制科
貽子録　金花帖子
物之小大　郭令公
紀年兆祥　民俗火葬

卷第十四　十七則

容齋續筆目録

容齋續筆卷第一十八則

是書先已成十六卷淳熙十四年八月在禁林日入侍至尊壽皇聖帝清閒之燕聖語忽云近見甚齋隨筆邁竦而對曰是臣所著容齋隨筆無足采者上曰煞有好議論邁起謝退而詢之乃婺女所刻賈人販鬻于書坊中貴人買以入遂塵乙覽書生遭遇可謂至榮因復哀臆說綴于後懼與前書相亂故別以一二數而目曰續亦十六卷云紹熙三年三

月十日薦序

顔魯公

顔魯公忠義大節照映今古豈唯唐朝人士罕見比倫自漢以來殆可屈指也考其立朝出處在明皇時爲楊國忠所惡由殿中侍御史出東都平原肅宗時以論太廟築壇事爲宰相所惡由御史大夫出馮翊爲李輔國所惡由刑部侍郎貶蓬州代宗時以言祭器不飭元載以爲誹謗由刑部尚書貶峽州德宗時不容於楊炎由

吏部尚書換東宮散秩盧杞之擅國也欲去公數遣人問方鎮所便公往見之責其不見容由是銜恨切骨是時年七十有五竟墮杞之詭計而死議者痛之嗚呼公既知杞之惡已盡因其方鎮之問欣然從之不然則高舉遠引挂冠東去杞之所甚欲也而乃眷眷京都終不自爲去就以蹈危機春秋責備賢者斯爲可恨司空圖隱於王官谷柳璨以詔書召之圖陽爲衰野墮笏失儀得放還山璨之姦惡過於杞圖非公比

也卒全身於大亂之世然則公之委命賊手豈不大可惜也哉雖然公因困於淮西屢折李希烈卒之捐身徇國以激四海義烈之氣正元反正實爲有助焉豈天欲全畀公以萬世之名故使一時隳墮於橫逆以成始成成終者乎

戒石銘

爾俸爾禄民膏民脂下民易虐上天難欺太宗皇帝書此以賜郡國立於廳事之南謂之戒石銘按成都人景煥有野人閒話一書乾德三年

所作其首篇頌令箴戴蜀王孟昶爲文頒諸邑云朕念赤子旰食宵衣言之令長撫養惠綏政存三異道在七絲驅雞爲理留犢爲規寬猛得所風俗可移無令侵削無使瘡痍下民易虐上天難欺賦輿是切軍國是資朕之賞罰固不踰時爾俸爾祿民膏民脂爲民父母莫不仁慈勉爾爲戒體朕深思凡二十四句昶區區愛民之心在五季諸僭僞之君爲可稱也但語言皆不工唯經表出者詞簡理盡遂成王言蓋詩家所

謂奪胎換骨法也

雙生子

今時人家雙生男女或以後生者爲長謂受胎在前或以先生者爲長謂先後當有序然固有經一日或亥子時生則弟乃先兄一日矣辰時爲弟巳時爲兄則弟乃先兄一時矣按春秋公羊傳隱公元年立適以長不以賢立子以貴不以長何休注云子謂左右媵及姪娣之子質家親親先立娣文家尊尊先立姪其雙生也質家

据見立先生文家据本意立後生乃知長幼之次自商周以來不同如此

李建州

建安城東二十里有梨山廟相傳爲唐刺史李公祠予守郡日因作祝文曰亟回哀眷書吏持白回字犯相公名請改之蓋以爲李回也後讀文藝李頻傳懿宗時頻爲建州刺史以禮法治下時朝政亂盜興相椎敚而建賴頻以安卒官下州爲立廟梨山歲祠之乃證其爲頻繼徃禱

而祝之云侯獲感應則當刻石紀實已而得雨遂爲作碑偶閱唐末人石文德所著唐朝新纂一書正紀頻事云除建州牧卒於郡曹松有詩悼之曰出旌臨建水謝世在公堂苦集休藏篋清資罷轉郎瘴中無子奠嶺外一妻孀恐是浮吟骨東歸就故鄉其身後事落拓如此傳又云頻喪歸壽昌父老相與扶柩葬之天下亂盜發其冢縣人隨加封掩則無後可見云稽神録載二事亦以爲回徐鉉失於不審也

侍從官

自觀文殿大學士至待制爲侍從官令文所載也紹興三十一年元顔亮死于廣陵車駕將幸建康從官列銜上奏乞同班入對時湯岐公以大觀文爲行宫留守寄聲欲聯名衆以名位不同爲辭岐公曰思退亦侍從也然竟不克從紹熙二年吏部鄭尚書僑上章乞薦士詔令在内近臣臺諫在外侍從各舉六人堪充朝士者吏部遍牒但及内任從官與在外待制以上而前

宰相執政皆不預安有從官得薦人而舊猶乃
不然有司之失也

存亡大計

國家大策係於安危存亡方變故交切幸而有
智者陳至當之謀其聽而行之當如捧漏甕以
沃焦釜而愚荒之主暗於事幾且惑於諛佞孱
儒者之言不旋踵而受其禍敗自古非一也曹
操自將征劉備田豐勸袁紹襲其後紹辭以子
疾不行操征烏戎劉備說劉表襲許表不能用

後皆爲操所滅唐兵征王世充於洛陽竇建德自河北來救太宗屯虎牢以扼之建德不得進其臣凌敬請悉兵濟河攻取懷州河陽踰太行入上黨徇汾晉趣蒲津蹈無人之境取勝可以萬全關中駭震則鄭圍自解諸將曰凌敬書生何爲知戰事其言豈可用建德乃謝敬其妻曹氏又勸令乘唐國之虛連營漸進以取山北西抄關中唐必還師自救鄭圍不憂不解建德亦不從引衆合戰身爲人擒國隨以滅唐莊宗既

取河北屯兵朝城梁之君臣謀數道大舉令董璋引陜虢澤潞之兵趣太原霍彦威以汝洛之兵寇鎮定王彦章以禁軍攻鄆州段凝以大軍當莊宗莊宗聞之深以爲憂而段凝不能臨機決策梁主又無斷遂以致亡石敬瑭以河東叛耶律德光赴救敗唐兵而圍之廢帝問策於羣臣時德光兄贊華因爭國之故亡歸在唐吏部侍郎龍敏請立爲契丹主令天雄盧龍二鎮分兵送之自幽州趣西樓朝廷露檄言之虜必有

内顧之慮然後選募精銳以擊之此解圍一筭也帝深以爲然而執政恐其無成議竟不決唐遂以亡皇家靖康之難胡騎犯闕孤軍深入後無重援亦有出奇討乞用師擣燕者天未悔禍噬臍弗及可勝歎哉

唐人詩不傳

韓文公送李礎序云李生温然爲君子有詩八百篇傳詠於時又盧尉墓誌云君能爲詩自少至老詩可録傳者在紙凡千餘篇無書不讀然

止用以資爲詩任登封尉盡寫所爲詩投留守鄭餘慶鄭以書薦於宰相觀此則李盧二子之詩多而可傳又裴迪與王維同賦輞川諸絶載於維集此外更無存者杜子美有寄裴十詩云知君苦思緣詩瘦乃迪也其能詩可知今考之唐史藝文志凡別集數百家無其書其姓名亦不見於他人文集諸類詩文中亦無一篇白樂天作元宗簡集序云著格詩一百八十五律詩五百九至悼其死曰遺文三十軸軸軸金玉聲

謂其古常而不鄙新奇而不怪今世知其名者寡矣而況於詩乎乃知前賢遺槀湮没非一眞可惜也

泰誓四語

孔安國古文尚書自漢以來不列於學官故左氏傳所引者杜預輒注爲逸書劉向説苑臣術篇一章云泰誓曰附下而罔上者死附上而罔下者刑與聞國政而無益於民者退在上位而不能進賢者逐此所以勸善而黜惡也漢武帝

元朔元年詔責中外不興廉舉孝有司奏議曰夫附下罔上者死附上罔下者刑與聞國政而無益於民者斥在上位而不能進賢者退此所以勸善黜惡也其語與說苑所載正同而諸家注釋至于顏師古皆不能援以爲證今之泰誓初未嘗有此語也漢宣帝時河内女子得泰誓一篇獻之然年月不與序相應又不與左傳國語孟子衆書所引泰誓同馬鄭王肅諸儒皆疑之今不復可考

重陽上巳改日

唐文宗開成元年歸融爲京兆尹時兩公主出降府司供帳事繁又俯近上巳曲江賜宴奏請改日上曰去年重陽取九月十九日未失重陽之意今改取十三日可也且上巳重陽皆有定日而至展一旬乃知鄭谷所賦十日菊詩云自緣今日人心別未必秋香一夜衰亦爲未盡也唯東坡公有菊花開時即重陽之語故記其在海南藝菊九畹以十一月望與客泛酒作重九

云

田宅契券取直

隋書志晉自過江凡貨賣奴婢馬牛田宅有文券率錢一萬輸估四百入官賣者三百買者一百無文券者隨物所堪亦百分收四名爲散估歷宋齊梁陳如此以爲常以人競商販不爲田業故使均輸欲爲懲勸雖以此爲辭其實利在侵削也今之牙契投稅正出於此田宅所係者大奉行唯謹至於奴婢馬牛雖著於令甲民不

復問然官所取過多并郡邑導行之費蓋百分
用其十五六又皆買者獨輸故爲數多者率隱
減價直賖立歲月坐是招激訐訴頃嘗因奏對
上章乞蠲其半使民不作僞以息爭則自言者
必多亦以與爲取之義旣下有司而戶部引條
制沮其說

公子奚斯

閟宮詩曰新廟奕奕奚斯所作其辭只謂奚斯
作廟義理甚明鄭氏之說亦云作姜嫄廟也而

揚子法言乃曰正考甫嘗睎尹吉甫公子奚斯睎正考甫宋咸注文以謂奚斯慕考甫而作魯頌蓋子雲失之於前而宋又成其過耳故吳祕又巧爲之説曰正考甫商頌蓋美禘祀之事而奚斯能作閟公之廟亦睎詩之教也而魯頌美之於義迂矣司馬温公亦以謂奚斯作閟宫之詩兼正考甫只是得商頌於周太師耳初非自作也班固王延壽亦云奚斯頌魯後漢曹褒曰奚斯頌魯考甫詠商注引薛君韓詩傳云是詩

公子奚斯所作皆相承之誤

唐藩鎮幕府

唐世士人初登科或未仕者多以從諸藩府辟置爲重觀韓文公送石洪温造二處士赴河陽幕序可見禮節然其職甚勞苦故亦或不屑爲之杜子美從劒南節度嚴武辟爲參謀作詩二十韻呈嚴公云胡爲來幕下只合在舟中束縛酬知巳蹉跎效小忠周防期稍稍太簡遂忽忽曉入朱扉啓昏歸畫角終不成尋別業未敢息

微躬會希全物色肆放倚梧桐而其題曰遣悶
意可知矣韓文公從徐州張建封辟爲推官有
書上張公云受牒之明日使院小吏持故事節
目十餘事來其中不可者自九月至二月皆晨
入夜歸非有疾病事故輒不許出若此者非愈
之所能也若寬假之使不失其性寅而入盡辰
而退申而入終酉而退率以爲常亦不廢事苟
如此則死於執事之門無悔也杜韓之旨大略
相似云

文中子門人

王氏中説所載門人多正觀時知名卿相而無一人能振師之道者故議者往往致疑其最所稱高第曰程仇董薛考其行事程元仇璋董常無所見獨薛收在唐史有列傳蹤跡甚爲明白收以父道衡不得死於隋不肯仕聞唐高祖與將應義舉郡通守堯君素覺之不得去及君素東連王世充遂挺身歸國正在丁丑戊寅歲中丁丑爲大業十三年又爲義寧元年戊寅爲武

德元年是年三月煬帝遇害於江都蓋大業十四年也而杜淹所作文中子世家云十三年江都難作子有疾召薛收謂曰吾夢顔回稱孔子歸休之命乃寢疾而終殊與收事不合歲年亦不同是爲大可疑者也又稱李靖受詩及問聖人之道靖既云丈夫當以功名取富貴何至作章句儒恐必無此也今中說之後載文中次子福畤所録云杜淹爲御史大夫與長孫太尉有隙予按淹以正觀二年卒後二十一年高宗即

位長孫無忌始拜太尉其不合於史如此故或
者疑爲阮逸所作如所謂薛收元經傳亦非也

晉燕用兵

萬事不可執一法而兵爲甚晉文公圍曹攻門
者多死曹人尸諸城上晉侯患之聽輿人之謀
曰稱舍於墓言若將發冢者師遷焉曹人兇懼
因其兇而攻之遂入曹燕將騎劫攻齊即墨田
單縱反閒言吾懼燕人掘吾城外冢墓燕軍乃
盡掘冢墓燒死人齊人望見皆涕泣其欲出戰

怒自十倍已而果敗燕軍觀晉燕之所以用計則同而其成敗頓異者何邪晉但舍於墓陽爲若將發冢故曹人懼而燕眞爲之以激怒齊人故爾

李衛公帖

李衛公在朱崖表弟某侍郎遣人餉以衣物公有書答謝之曰天地窮人物情所棄雖有骨肉亦無音書平生舊知無復弔問閣老至仁念舊再降專人兼賜衣服器物茶藥至多開緘發紙

漭咽難勝大海之中無人拯卹資儲蕩盡家事
一空百口嗷然徃徃絶食塊獨窮悴終日若饑
唯恨垂没之年須作餒而之鬼十月末伏䘏七
旬藥物陳裛又無醫人委命信天幸而自活書
後云閏十一月二十日從表兄崖州司戸參軍
同正李德裕状侍郎十九弟按德裕以大中二
年十月自潮州司馬貶崖州所謂閏十一月正
在三年葢到崖纔十餘月爾而窮困苟生已如
是唐書本傳云貶之明年卒則是此書既發之

後旋踵下世也當是時宰相皆其怨仇故雖骨肉之親平生之舊皆不敢復通音問而某侍郎至於再遣專使其爲高義絕俗可知惜乎姓名不可得而考耳此帖藏禁中後出付祕閣今勒石于道山堂西紹興中趙忠簡公亦謫朱崖士大夫畏秦氏如虎無一人敢輒寄聲張淵道爲廣西帥屢遣兵校持書及藥石酒麪爲餽公嘗答書云鼎之爲己爲人一至於此其述酸寒苦厄之狀略與衛公同既而亦終於彼手札今尚

存于張氏姚崇曾孫勗爲李公厚善及李譖逐擿索支黨無敢通勞問旣居海上家無資病無湯劑勗數饋餉候問不傳時爲厚薄其其侍郎之徒與

王孫賦

王延壽王孫賦載於古文苑其辭有云顏狀類乎老翁軀體似乎小兒謂猴也乃知杜詩顏狀老翁爲蓋出諸此

漢郡國諸官

西漢鹽鐵膳羞陂湖工服之屬郡縣各有司爲幹之其名甚多然居之者罕嘗見於史傳今畧以地理志所載言之凡鐵官三十八鹽官二十九工官九皆不暇紀其處自餘若京兆有船司空爲主船官太原有挏馬官主牧馬（元名家馬官）遼東有牧師官交趾有羞官南郡有發弩官嚴道有木官丹陽有銅官桂陽有金官南海有洭浦官南郡江夏有雲夢官九江有陂官湖官朐忍魚復有橘官鄱陽黃金采主采金亦有官在内

則奉常之均官食官司農之斡官少府之大官主膳食湯官主餅餌導官主擇米如是者蓋以百數

漢獄名

漢以廷尉主刑獄而中都他獄亦不一宗正屬官有左右都司空鴻臚有別火令丞郡邸獄少府有若盧獄令考工共工獄執金吾有寺互都船獄又有上林詔獄水司空掖受祕獄暴室請室居室徒官之名張湯傳蘇林曰漢儀注獄二

十六所東漢志云孝武帝所置世祖皆省之東漢洎唐雖鞫因非一處然不至如是其多國朝但有大理及臺獄元豐紹聖間蔡確章子厚起同文館獄之類非故事也

容齋續筆卷第一

容齋續筆卷第二　十八則

權若訥馮澥

唐中宗既流殺五王再復武氏陵廟右補闕權若訥上疏以爲天地日月等字皆則天能事賊臣敬暉等輕紊前規削之無益於淳化存之有光於孝理又神龍制書一事以上並依貞觀故事豈可近捨母儀遠尊祖德疏奏手制褒美欽宗在位懲王安石蔡京之誤國政事悉以仁宗爲法左諫議大夫馮澥上言仁宗皇帝陛下之

高祖也神宗皇帝陛下之祖也子孫之心寧有厚薄王安石司馬光皆天下之大賢其優劣等差自有公論願無作好惡允執厥中則是非自明矣詔牓朝堂侍御史李光駁之不聽復爲右正言崔鶠所擊宰相不復問而遷瀞吏部侍郎按若訥與瀞兩人議論操持絶相似蓋瀞在崇寧中首上書乞廢元祐皇后自選人除寺監丞其始終大節不論可見建炎初元乃超居政地公議憤之

歲旦飲酒

今人元日飲屠酥酒自小者起相傳已久然固有來處後漢李膺杜密以黨人同繫獄值元日於獄中飲酒曰正旦從小起時鏡新書晉董勛云正旦飲酒先從小者何也勛曰俗以小者得歲故先酒賀之老者失時故後飲酒初學記載四民月令云正旦進酒次第當從小起以年小者起先唐劉夢得白樂天元日舉酒賦詩劉云與君同甲子壽酒讓先杯白云與君同甲子歲

酒合誰先白又有歲假内命酒一篇云歲酒先拈辭不得被君推作少年人顧況云不覺老將春共至更悲携手幾人全還丹寂寞羞明鏡手把屠蘇讓少年裴夷直云自知年幾偏應少先把屠蘇不讓春儻更數年逢此日還應惆悵羨他人成文幹云戴星先捧祝堯觴鏡裏堪驚兩鬢霜好是燈前偷失笑屠蘇應不得先嘗方干云纔酌屠蘇定年齒坐中皆笑鬢毛斑然則尚矣東坡亦云但把窮愁博長健不辭最後飲屠

酥其義亦然

存殁絶句

杜子美有存殁絶句二首云席謙不見近彈棊畢曜仍傳舊小詩玉局他年無限笑白楊今日幾人悲鄭公粉繪隨長夜曹霸丹青已白頭天下何曾有山水人間不解重驊騮每篇一存一殁蓋席謙曹霸存畢鄭殁也黃魯直荆江亭即事十首其一云閉門覓句陳無已對客揮毫秦少游正字不知溫飽未西風吹淚古藤州乃用

此體時少游殁而無已存也近歲新安胡仔著漁隱叢話謂魯直以今時人形入詩句蓋取法於少陵遂引此句實失於詳究云

湯武之事

湯武之事古人言之多矣惟漢轅固黃生爭辯最詳黃生曰湯武非受命迺殺也固曰不然桀紂荒亂天下之心皆歸湯武湯武因天下之心而誅桀紂桀紂不得已而立非受命爲何黃生曰冠雖敝必加於首履雖新必貫於足今桀紂雖失

道君上也湯武雖聖臣下也反因過而誅之非
殺而何景帝曰食肉毋食馬肝未爲不知味言
學者毋言湯武受命未爲愚遂罷顏師古注云
言湯武爲殺是背經義故以馬肝爲喻也東坡
志林云武王非聖人也昔者孔子蓋罪湯武伯
夷叔齊不食周粟而孔子予之其罪武王也甚
矣至孟軻始亂之使當時有良史南巢之事必
以叛書牧野之事必以弒書湯武仁人也必將
爲法受惡可謂至論然予竊考孔子之序書明

言伊尹相湯伐桀成湯放桀于南巢武王伐商武王勝商殺受各蔽以一語而大指皦如所謂六藝折衷無待於良史復書也

張釋之傳誤

漢書紀傳志表矛盾不同非一然唯張釋之爲甚本傳云釋之爲騎郎事文帝十年不得調亡所知名欲免歸中郎將袁盎惜其去請徙補謁者後拜爲廷尉遷事景帝歲餘爲淮南相而百官公卿表所載文帝即位三年釋之爲廷尉至

十年書廷尉昌廷尉嘉又二人凡歷十三年景帝乃立而張歐爲廷尉則是釋之未嘗十年不調及未嘗以廷尉事景帝也

張于二廷尉

張釋之爲廷尉天下無寃民于定國爲廷尉人自以不寃此漢史所稱也兩人在職皆十餘年周勃就國人上書告勃欲反下廷尉逮捕吏稍侵辱之勃以千金與獄吏吏使以公主爲證太后亦以爲無反事乃得赦出釋之正爲廷尉不

能救但申理犯蹕盜環一二細事耳楊惲爲人告驕奢不悔過下廷尉案驗始得所予孫會宗書定國當惲大逆無道惲坐要斬惲之罪何至於是其徇主之過如此傳所謂決疑平法務在哀矜者果何爲哉

漢唐置郵

趙充國在金城上書言先零罕羌事六月戊申奏七月甲寅璽書報從其計按金城至長安一千四百五十里往反倍之中間更下公卿議臣

而自上書至得報首尾纔七日唐開元十年八
月己卯夜權楚璧等作亂時明皇幸洛陽相去
八百餘里壬午遣河南尹王怡如京師按問宣
慰首尾纔三日置郵傳命既如此其速而廷臣
共議蓋亦未嘗淹久後世所不及也

龍且張步

韓信擊趙李左車勸陳餘勿與戰餘曰今如此
避弗擊諸侯謂吾怯而輕來伐我遂與信戰身
死國亡是時信方爲漢將始攻下魏代威聲猶

未暴白陳餘易之尚不足訝及滅趙服燕則關東六國既定其四矣信伐齊楚使龍且來救或言漢兵不可當龍且曰吾平生知韓信爲人易與耳不足畏也何爲而止一戰而沒項隨以亡耿弇討張步斬其大將軍費邑走邑之弟敢進攻西安臨淄拔其城又走其弟藍勢如破竹先是弇已破尤來大槍延岑彭寵富平獲索矣時步所盜齊地太半爲弇所得然步猶曰以尤來大彤十餘萬衆吾皆即其營而破之今弇兵少

於彼又皆疲勞何足摧乎竟出兵大戰兄弟成擒兵法云知彼知己百戰不殆龍且張步豈復識此哉梁臨川王宏伐魏魏元英禦之宏停軍不前魏人勸英進據洛水英曰蕭臨川雖騃其下有良將韋裴之屬未可輕也宜且觀形勢勿與交鋒宏卒敗退英之識見非前人可比也然遂進軍圍鍾離魏邢巒以爲不可魏主召使還英表稱必克爲曹景宗韋叡所挫失亡二十餘萬人智於前而昧於後爲可恨耳

義理之說無窮

經典義理之說最爲無窮以故解釋傳疏自漢至今不可槩舉至有一字而數說者姑以周易革卦言之已日乃孚革而信之自王輔嗣以降大抵謂即日不孚已日乃孚已字讀如矣音蓋其義亦止如是耳唯朱子發讀爲戊巳之巳子昔與易僧曇瑩論及此問之曰或讀作巳音紀日如何瑩曰豈唯此也雖作巳音似日亦有義乃言曰天元十干自甲至巳然後爲庚庚者革也故

巳日乃孚猶云從此而革也十二辰自子至巳
六陽數極則變而之陰於是爲午故巳日乃孚
猶云從此而變也用是知好奇者欲穿鑿附會
固各有說云

開元五王

唐明皇兄弟五王兄申王撝以開元十二年寧
王憲邠王守禮以二十九年第岐王範以十四
年薛王業以二十二年薨至天寶時巳無存者
楊太眞以三載方入宮而元稹連昌宮詞云百

官隊仗避岐薛楊氏諸姨車鬪風李商隱詩云夜半宴歸宮漏永薛王沉醉壽王醒皆失之也

巫蠱之禍

漢世巫蠱之禍雖起於江充然事㑹之來蓋有不可曉者武帝居建章宮親見一男子帶劍入中龍華門疑其異人命收之男子捐劍走逐之弗獲上怒斬門候閉長安城門大索十一日巫蠱始起又甞晝寢夢木人數千持杖欲擊已乃驚寤因是體不平遂苦忽忽善忘此兩事可謂

異矣木將腐蠹實生之物將壞蟲實生之是時帝春秋已高忍而好殺李陵所謂法令無常大臣無罪夷滅者數十家由心術既荒隨念招妄男子木人之兆皆迷不復開則謫見於天鬼瞰其室禍之所被以妻則衞皇后以子則戾園以兄子則屈氂以女則諸邑陽石公主以婦則史良娣以孫則史皇孫骨肉之酷如此豈復顧他人哉且兩公主實衞后所生太子未敗數月前皆已下獄誅死則其母與兄豈有全理固不待

於江充之譖也

唐詩無諱避

唐人歌詩其於先世及當時事直辭詠寄略無避隱至宮禁嬖昵非外間所應知者皆反復極言而上之人亦不以爲罪如白樂天長恨歌諷諫諸章元微之連昌宮詞始末皆爲明皇而發杜子美尤多如兵車行前後出塞新安吏潼關吏石壕吏新婚別垂老別無家別哀王孫悲陳陶哀江頭麗人行悲青阪公孫舞劒器行終篇

皆是其他波及者五言如憶昨狼狽初事與古
先別不聞夏商衰中自誅褒妲是時妃嬪戮連
爲糞土叢中骨焚九廟雲漢爲之紅先帝正好
武寰海未凋枯拓境功未已元和辭大鑪內人
紅袖泣王子白衣行毀廟天飛雨焚宮火徹明
南內開元曲常時弟子傳法歌聲變轉滿座涕
潺湲御氣雲樓敞含風綵仗高仙人張內樂王
母獻宮桃須爲下殿走不可好樓居囿無牽白
馬幾至著靑衣奪馬悲公主登車泣貴嬪兵氣

凌行在妖星下直廬落日留王母微風倚少兒
能畫毛延壽投壺郭舍人鬬雞初賜錦舞馬更
登牀驪山絕望幸花蕚罷登臨殿瓦鴛鴦坼宮
簾翡翠虛七言如闕中小兒壞紀綱張后不樂
上爲忙天子不在咸陽宮得不哀痛塵再蒙曾
貌先帝照夜白龍池十日飛霹靂要路何日罷
長戟戳自青羌連白蠻豈謂盡煩回紇馬翻然
遠救朔方兵如此之類不能悉書此下如張祜
賦連昌宮元日仗千秋樂大酺樂十五夜燈熱

戲樂上已樂邠王小管李謨笛退宮人王環琵琶春鶯囀寧哥來容兒鉢頭邠娘羯鼓耍娘歌悖拏兒舞華清宮長門怨集靈臺阿鵩湯馬嵬歸香囊子散花樓雨霖鈴等三十篇大抵詠開元天寶閒事李義山華清宮馬嵬驪山龍池諸詩亦然今之詩人不敢爾也

李晟傷國體

將帥握重兵居閫外當國家多事時其奉上承命尤當以恭順爲主唐李晟在德宗朝破朱泚

復長安功名震耀蓋社稷宗臣也然嘗將神策軍戍蜀及還以營妓自隨節度使張延賞追而返之由是有隙晟既立大功上召延賞入相晟表陳其過惡上重違其意乃止後歲餘上命韓滉諭旨於晟使釋怨滉因使晟表薦延賞遂爲相然則輔相之拜罷皆大將得制之其傷國體甚矣德宗猜忌刻薄渠能釋然晟之失兵柄正緣此耳國學武成王廟本列晟於十哲乾道中有旨退於從祀壽皇聖意豈非出此乎

◎

元和六學士

白樂天分司東都有詩上李留守相公其序言公見過池上汎舟舉酒話及翰林舊事因成四韻後兩聯云白首故情在青雲往事空同時六學士五相一漁翁此詩蓋與李絳者其詞正紀元和二年至六年事予以其時考之所謂五相者裴垍王涯杜元穎崔羣及絳也紹興二十八年三月予入館明年八月除吏部郎官一時同舍祕書丞虞雍公并甫著作郎陳魏公應求祕

書郎史魏公直翁按書郎王魯公季海皆至宰相汪莊敏公明遠至樞密使恩數與宰相等甚類元和事云

二傳誤後世

自左氏載石碏事有大義滅親之語後世援以爲説殺子孫害兄弟如漢章帝廢太子慶魏孝文殺太子恂唐高宗廢太子賢者不可勝數公羊書魯隱公威公事有子以母貴母以子貴之語後世援以爲説廢長立少以妾爲后妃如漢

哀帝尊傅昭儀爲皇太太后、光武廢太子彊而
立東海王陽、唐高宗廢太子忠而立孝敬者、亦
不可勝數、

卜子夏

魏文侯以卜子夏爲師、按史記所書子夏少孔
子四十四歲、孔子卒時、子夏年二十八矣、是時
周敬王四十一年、後一年、元王立、歷正定王、考
王、至威烈王二十三年、魏始爲侯、去孔子卒時
七十五年、文侯爲大夫二十二年、而爲侯又十

六年而卒姑以始侯之歲計之則子夏已百三
歲矣方爲諸侯師豈其然乎
父子忠邪
漢王氏擅國王章梅福嘗言之唯劉向勤勤懇
懇上封事極諫至云事勢不兩大王氏與劉氏
亦且不並立陛下爲人子孫守持宗廟而令國
祚移於外親降爲皁隷爲後嗣憂昭昭甚明其
言痛切如此而子歆乃用王莽舉爲侍中爲莽
典文章倡導在位褒揚功德安漢宰衡之名皆

所共誅馴致攝篡卒之身亦不免魏陳矯事曹氏三世爲之盡忠明帝憂社稷問曰司馬懿忠正可謂社稷之臣乎矯曰朝廷之望社稷未知也懿竟竊國柄至孫炎篡魏爲晉而矯之子騫乃用佐命勳位極公輔晉郗愔忠於王室而子超黨於桓氏爲温建廢立之謀超死愔哀悼成疾後見超書一箱悉與温往反密計遂大怒曰小子死恨晚更不復哭晉史以爲有大義之風向矯愔之忠如是三子不勝誅矣

蘇張說六國

蘇秦張儀同學於鬼谷而其從横之辯如冰炭水火之不同蓋所以設心者異耳蘇欲六國合從以擯秦故言其疆謂燕地方二千餘里帶甲數十萬車六百乘騎六千匹謂趙地亦方二千餘里帶甲數十萬車千乘騎萬匹謂韓地方九百里帶甲數十萬天下之强弓勁弩皆從韓出韓卒之勇一人當百謂魏地方千里卒七十萬齊地方二千餘里臨菑之卒固已二十一萬楚

地方五千里帶甲百萬車千乘騎萬匹至於張儀則欲六國爲横以事秦故言其弱謂梁地方不過千里卒不過三十萬韓地險惡卒不過二十萬臨菑即墨非齊之有斷趙右肩黔巫非楚有易水長城非燕有然而六王皆聳聽敬從舉國而付之未嘗有一語相折難者彼皆長君持國之日久逮其臨事乃傾如桔槔隨人俯仰得不危亡幸矣哉且一國之勢猶一家也今夫主一家之政者較量生理名田若干頃歲收穀粟

若干蓺園若干畝歲收桑麻若干邸舍若干區爲錢若干下至牛羊犬雞莫不有數自非童騃孱愚之人未有不能件析而枚數者何待於踈遠游客爲吾借箸而籌哉苟一以爲多一以爲寡將遂挐挐然舉而信之乎鼂錯說景帝曰高帝大封同姓齊七十餘城楚四十餘城吳五十餘城分天下半以漢之廣三國渠能分其半此錯欲削諸侯故盛言其大爾膠西王將與吳反羣臣諫曰諸侯地不能當漢十二爲叛逆非計

也是時反者即吳楚諸齊此膠西臣欲止王之謀故盛言其小爾二者視蘇張之言疑若相似而用心則否聽之者惟能知彼知巳則善矣

容齋續筆卷第三　十八則

一定之計

人臣之遇明主於始見之際圖事揆策必有一定之計據以爲決然後終身不易其言則史策書之足爲不朽東坡序范文正公之文蓋論之矣伊尹起於有莘應湯三聘將使君爲堯舜之君民爲堯舜之民卒之相湯伐夏俾厥后惟堯舜格于皇天傅說在巖野爰立作相三篇之書皎若星日雖史籍久遠不詳紀其行事而高宗

克鬼方伐荆楚嘉靖商邦禮陟配天載于易之既濟書之無逸詩之商武商代之君莫盛焉罔俾阿衡專美有商於是爲允蹈矣管仲以其君霸商君基秦爲強雖聖門羞稱後世所賤然考其爲政蓋未嘗一戾於始謀韓信勸漢祖任天下武勇以城邑封功臣以義兵從思東歸之士傳檄而定三秦下魏之後請北舉燕趙東擊齊南絶楚糧道西會滎陽至於滅楚無一言不酬鄧禹見光武於河北知更始無成說帝延攬英

雄務悅民心立高祖之業救萬民之命帝與定
計議終濟大業耿弇與光武同討王郎願歸幽
州益發精兵定彭寵取張豐還收富平獲索東
攻張步以平齊地帝常以爲落落難合而事竟
成諸葛亮論曹操挾天子令諸侯難與爭鋒孫
權據有江東可與爲援而不可圖荊州用武之
國益州沃野千里勸劉備跨有荊益外觀時變
則霸業可成漢室可興及南方已定則表獎率
三軍北定中原已而盡行其說至於用師未戰

而身先死則天也房喬杖策謁太宗爲記室即收人物致幕府與諸將密相申結輔成大勳至於爲相號令典章盡出其手雖數百年猶蒙其功王朴事周世宗當五季草創之際上平邊策以爲唐失吳蜀晉失幽并當知所以平之之術當今吳易圖可撓之地二千里攻虛擊弱則所向無前江北諸州乃國家之有也既得江北江之南亦不難平得吳則桂廣皆爲內臣岷蜀可飛書而召之不至則四面並進席卷而蜀平矣

吳蜀平幽可望風而至唯并必死之寇僥其便則一剗以平之世宗用其策功未集而殂至於國朝掃平諸方先後次第皆不出朴所料獨幽州之舉既至城下而諸將不能成功若乃王安石顓國言聽計從以身任天下之重而師慕商鞅爲人苟可以取民者無不盡遂詒後世之害則在所不論也

秋興賦

宋玉九辯詞云憭慄兮若在遠行登山臨水兮

送將歸潘安仁秋興賦引其語繼之曰送歸懷慕徒之戀遠行有羇旅之憤臨川感流以歎逝登山懷遠而悼近彼四慼之疚心遭一塗而難忍蓋暢演厥旨而下語之工拙較然不侔也

太史慈

三國當漢魏之際英雄虎爭一時豪傑志義之士礌礌落落皆非後人所能冀然太史慈者尤爲可稱慈少仕東萊本郡爲奏曹吏郡與州有隙州章劾之慈以計敗其章而郡得直孔融在

北海爲賊所圍慈爲求救於平原突圍直出竟
得兵解融之難後劉繇爲揚州刺史慈往見之
會孫策至或勸繇以慈爲大將軍繇曰我若用
子義許子將不當笑我耶但使慈偵視輕重獨
與一騎卒遇策便前鬬正與策對得其兜鍪及
繇奔豫章慈爲策所執捉其手曰寧識神亭時
耶又稱其烈義爲天下智士釋縛用之命撫安
繇之子經理其家孫權代策使爲建昌都尉遂
委以南方之事督治海昏至卒時纔年四十一

葬于新吳今洪府奉新縣也邑人立廟敬事乾道中封靈惠侯予在西掖當制其詞云神蚤赴孔融雅謂青州之烈士晚從孫策遂爲吳國之信臣立廟至今作民司命擥一同之言狀擇二美以建侯庶幾江表之間尚憶神亭之事蓋爲是也

謚法

先王謚以尊名節以壹惠語出表記然不云起於何時今世傳周公謚法故自文王武王以來

始有謚周之政尚文斯可驗矣如堯舜禹湯皆名皇甫謐之徒附會爲説至於桀紂亦表以四字皆非也周王謚以一字至威烈正定益以兩而衛武公曰叡聖武公見於楚語孔文子曰正惠文子見於檀弓各三字意當時尚多有之唐諸帝謚經三次加冊由高祖至明皇皆七字其後多少不齊代宗以四字肅順憲以九字餘以五字唯宣宗獨十八字曰元聖至明成武獻文睿智章仁神聰懿道大孝國朝祖宗謚十六字

唯神宗二十字曰體元顯道法古立憲帝德王
功英文烈武欽仁聖孝蓋蔡京所定也

漢文帝受言

漢文帝即位十三年齊太倉令淳于意有罪當
刑其女緹縈年十四隨至長安上書願沒入爲
官婢以贖父刑罪帝憐悲其意即下令除肉刑
丞相張蒼御史大夫馮敬議請定律當斬右止
者反棄市笞者杖背五百至三百亦多死徒有
輕刑之名實多殺人其三族之罪又不乘時建

明以負天子德意著敬可謂具臣矣史稱文帝止輦受言今以一女子上書躬自省覽即除數千載所行之刑曾不留難然則天下事豈復有稽滯不決者哉所謂集上書囊以爲殿帷蓋凡囊封之書必至前也

丹青引

杜子美丹青引贈曹將軍霸云先帝天馬玉花驄畫工如山貌不同是日牽來赤墀下迥立閶闔生長風詔謂將軍拂絹素意匠慘澹經營中

斯須九重眞龍出一洗萬古凡馬空玉花却在
御榻上榻上廷前屹相向至尊含笑催賜金圉
人太僕皆惆悵讀者或不曉其旨以爲畫馬奪
眞圉人太僕所爲不樂是不然圉人太僕蓋牧
養官曹及馭者而黃金之賜乃畫史得之是以
惆悵杜公之意深矣又觀曹將軍畫馬圖云曾
貌先帝照夜白龍池十日飛霹靂內府殷紅碼
碯盤婕妤傳詔才人索亦此意也

詩國風秦中事

周召二南豳風皆周文武成王時詩其所陳者
秦中事也所謂沼沚洲澗之水蘋蘩藻荇之菜
疑非所有既化行江漢故并江之永漢之廣率
皆得言之歟摽有梅之詩不注釋梅而秦風終
南詩終南何有有條有梅毛氏云梅柟也箋云
名山高大宜有茂木今之梅與柟異亦非茂木
蓋毛鄭北人不識梅耳若上林賦所引江蘺蘪
蕪揭車蘘荷蓀若蘋芋之類自是侈辭過實與
所謂八川東注太湖者等也

詩文當句對

唐人詩文或於一句中自成對偶謂之當句對蓋起於楚辭蕙烝蘭藉桂酒椒漿桂櫂蘭枻斵冰積雪自齊梁以來江文通庾子山諸人亦如此如王勃宴滕王閣序一篇皆然謂若襟三江帶五湖控蠻荆引甌越龍光牛斗徐孺陳蕃騰蛟起鳳紫電青霜鶴汀鳧渚桂殿蘭宮鍾鳴鼎食之家青雀黃龍之軸落霞孤鶩秋水長天天高地迥興盡悲來宇宙盈虛丘墟已矣之辭是

也于公異破朱泚露布亦然如堯舜禹湯之德統元立極之君卧鼓偃旗養威蓄鋭夾川陸而左旋右抽抵丘陵而浸淫布濩聲塞宇宙氣雄鉦鼓貔兕作威風雲動色乘其跆藉取彼鯨鯢自卯及酉來拒復攻山傾河泄霆鬬雷馳自北徂南輿尸折首左武右文銷鋒鑄鏑之辭是也杜詩小院回廊春寂寂浴鳧飛鷺晚悠悠清江錦石傷心麗嫩蘂濃花滿目斑書籤藥裹封蛛網野店山橋送馬蹄戎馬不如歸馬逸千家今

有百家存犬羊曾爛漫宮闕尚蕭條蛟龍引子過荷芰逐花低干戈況復塵隨眼鬢髮還應雪滿頭百萬傳深入寰區望匪他象牀玉手萬草千花落絮遊絲隨風照日青袍白馬金谷銅駝竹寒沙碧菱刺藤梢長年三老捩柂開頭門巷荆棘底君臣豺虎邊養拙干戈全生麋鹿捨舟策馬拖玉腰金高江急峽翠木蒼藤古廟杉松歲時伏臘三分割據萬古雲霄伯仲之間指揮若定桃蹊李徑梔子紅椒庾信羅含春來秋去

楓林橘樹複道重樓之類不可勝舉李義山一詩其題曰當句有對云密邇平陽接上蘭秦樓鴛瓦漢宮盤池光不定花光亂日氣初涵露氣乾但覺游蜂饒舞蝶豈知孤鳳憶離鸞三星自轉三山遠紫府程遙碧落寬其他詩句中如青女素娥對月中霜裏黃葉風雨對青樓管絃骨肉書題對蕙蘭蹊徑花鬚柳眼對紫蝶黃蜂重吟細把對已落猶開急鼓疎鐘對休燈滅燭江魚朔鴈對秦樹嵩雲萬戶千門對風朝露夜如

是者甚多

東坡明正

東坡明正一篇送于伋失官東歸云子之失官有爲子悲如子之自悲者乎有如子之父兄妻子之爲子悲者乎子之所以悲者惑於得也父兄妻子之所以悲者惑於愛也按戰國策齊鄒忌謂妻曰我孰與城北徐公美其妻曰君美甚徐公何能及公也復問其妾與客皆言徐公不若君之美暮寢而思之曰吾妻之美我者私我

也妾之美我者畏我也客之美我者欲有求於我也東坡之斡旋蓋取諸此然四菩薩閣記云此畫乃先君之所嗜既免喪以施浮圖惟簡曰此唐明皇帝之所不能守者而況於余乎余雖自度不能長守此也是以與子而其末云軾之以是與子者凡以爲先君捨也與初辭意蓋不同晚學所不曉也

臺諫不相見

嘉祐六年司馬公以修起居注同知諫院上章

乞立宗室爲繼嗣對畢詣中書略爲宰相韓公
言其旨韓公攝饗明堂殿中侍御史陳洙監祭
公問洙聞殿院與司馬舍人甚熟洙答以頃年
曾同爲直講又問近日曾聞其上殿言何事洙
答以彼此臺諫官不相往來不知言何事此一
項溫公私記之甚詳然則國朝故實臺諫官元
不相見故趙清獻公爲御史論陳恭公而范蜀
公以諫官與之爭元豐中又不許兩省官相往
來鮮于子駿乞罷此禁元祐中諫官劉器之梁

况之等論蔡新州而御史中丞以下皆以無章疏罷黜靖康時諫議大夫馮澥論時政失當爲侍御史李光所駁令兩者合爲一府居同門出同幕與故事異而執政祭祠行事與監祭御史不相見云

執政四入頭

國朝除用執政多從三司使翰林學士知開封府御史中丞進拜俗呼爲四入頭固有盡歷四職而不用如張文定公（謂仁英朝至神宗初始用）王宣徽之

類者趙清獻公自成都召還知諫院大臣言故事近臣自成都還將大用必更省府謂三司使開封府不爲諫官以是知一朝典章其嚴如此至若以權侍郎方受告即爲參樞如施鉅鄭仲熊者蓋秦檜所用云

無望之禍

自古無望之禍玉石俱焚者釋氏謂之劫數然固自有幸不幸者漢武帝以望氣者言長安獄中有天子氣於是遣使者分條中都官詔獄繫

者亡輕重一切皆殺之獨郡邸獄繫者賴丙吉得生隋煬帝令嵩山道士潘誕合鍊金丹不成云無石膽石髓若得童男女膽髓各三斛六斗可以代之帝怒斬誕其後方士言李氏當爲天子勸帝盡誅海内李姓以煬帝之無道嗜殺人不啻草莽而二説偶不行唐太宗以李淳風言女武當王巳在宮中欲取疑似者盡殺之賴淳風諫而止以太宗之賢尚如此豈不云幸不幸哉

燕說

黄魯直和張文潛八詩其二云談經用燕説束棄諸儒傳濫觴雖有罪末派瀰九縣大意指王氏新經學也燕説出於韓非子曰先王有郢書而後世多燕説又引其事曰郢人有遺燕相國書者夜書火不明謂持燭者曰舉燭已而誤書舉燭二字非書本意也燕相受書曰舉燭者尚明也尚明者舉賢而用之遂以白王王大説國以治治則治矣非書意也魯直以新學多穿鑿

故有此句

折檻行

杜詩折檻行云千載少似朱雲人至今折檻空嶙峋婁公不語宋公語尚憶先皇容直臣此篇專爲諫爭而設謂婁師德宋璟也人多疑婁公既無一語何得爲直臣錢伸仲云朝有闕政或婁公不語則宋公語但師德乃是武后朝人璟爲相時其亡久矣杜有祭房相國文言羣公間出魏杜婁宋亦併二公稱之詩言先皇意爲明

皇帝也妻氏別無顯人有聲開元閒爲不可曉

朱雲陳元達

朱雲見漢成帝請斬馬劒斷張禹首上大怒曰罪死不赦御史將雲下雲攀殿檻檻折御史遂將雲去辛慶忌叩頭以死爭上意解然後得已及後當治檻上曰勿易因而輯之（輯與集同謂補合也）以旌直臣劉聰爲劉后起鵁儀殿陳元達諫聰怒命將出斬之時在逍遙園李中堂元達先鎖腰而入即以鎖繞堂下樹左右曳之不能動劉氏

聞之私勑左右停刑手疏切諫聰乃解引元達而謝之易園爲納賢園堂爲媿賢堂兩人之事甚相類雲之免於死由慶忌即時爭救之故差易爲力若元達之命在須臾聞聰之急暴且盛怒何暇延留數刻而容劉氏得以草疏乎脫使就刎其首或令武士擊殺亦可何恃於鎖腰哉是爲可疑也成帝不易檻以旌雲直而不能命以一官乃不若聰之待元達也至今宮殿正中一閒横檻獨不施欄楯謂之折檻蓋自漢以來

相傳如此矣

杜老不忘君

前輩謂杜少陵當流離顛沛之際一飯未嘗忘君今略紀其數語云萬方頻送喜無乃聖躬勞至今勞聖主何以報皇天獨使至尊憂社稷諸君何以答昇平天子亦應厭奔走羣公固合思昇平如此之類非一

栽松詩

白樂天栽松詩云小松未盈尺心愛手自移蒼

然澗底色雲濕煙霏霏栽植我年晚長成君性遲如何過四十種此數寸枝得見成陰否人生七十稀予治圃於鄉里乾道已丑歲正年四十七矣自伯兄山居手移穉松數十本其高僅四五寸植之雲壑石上擁土以爲固不能保其必活也過二十年蔚然成林皆有千霄之勢偶閱白公集感而書之

烏鵲鳴

北人以烏聲爲喜鵲聲爲非南人聞鵲噪則喜

聞烏聲則唾而逐之至於弦琴挾彈擊使遠去北齊書奚永洛與張子信對坐有鵲正鳴於庭樹間子信曰鵲言不善當有口舌事今夜有喚必不得往子信去後高儼使召之且云勑喚永洛詐稱墮馬遂免於難白樂天在江州答元郎中楊員外喜烏見寄曰南宮鴛鴦地何忽烏來止故人錦帳郎聞烏笑相視疑烏報消息望我歸鄉里我歸應待烏頭白慙愧元郎誤歡喜然則鵲言固不善而烏亦能報喜也又有和元微

之大鵲烏一篇云老巫生姦計與烏意潛通云
此非凡烏遥見起敬恭千歲乃一出喜賀主人
翁此烏所止家家產日夜豐上以致壽考下可
宜田農按徽之所賦云巫言此烏至財產日豐
宜主人一心惑誘引不知疲轉見烏來集自言
家轉孳專聽烏喜怒信受若長離今之烏則然
也世有傳陰陽局鵶經謂東方朔所著大略言
凡占烏之鳴先數其聲然後定其方位假如甲
日一聲即是甲聲第二聲爲乙聲以十干數之

乃辨其急緩以定吉凶蓋不專於一說也

容齋續筆卷第三

容齋續筆卷第四 十七則

淮南守備

周世宗舉中原百郡之兵南征李景當是時周室方彊李氏政亂以之討伐云若易然而自二年之冬訖五年之春首尾四年至於乘輿三駕僅得江北先是河中李守正叛漢遣其客朱元來唐求救遂仕於唐樞密使查文徽妻之以女是時請兵復諸州即取舒和後以恃功偃蹇唐將奪其兵元怒而降周景械其妻欲戮之文徽

方執政表乞其命景批云只斬朱元妻不殺查
家女竟斬于市郭廷謂不能守濠州以家在江
南恐爲唐所種族遣使請金陵禀命然後出降
則知周師所以乆者景法度猶存尚能制將帥
死命故也紹興之季虜騎犯淮踰月之閒十四
郡悉陷予親見沿淮諸郡守盡掃府庫儲積分
寓京口云預被旨許令移治是乃平時無虞則
受極邊之賞一有緩急委而去之寇退則反了
無分毫絓於吏議豈復肯以固守爲心也哉

周世宗

周世宗英毅雄傑以衰亂之世區區五六年閒威武之聲震懾夷夏可謂一時賢主而享年不及四十身没半歲國隨以亡固天方授宋使之驅除然考其行事失於好殺用法太嚴羣臣職事小有不舉往往寘之極刑雖素有才幹聲名無所開宥此其所短也薛居正舊史紀載翰林醫官馬道元進狀訴壽州界被賊殺其子獲正賊見在宿州本州不爲勘斷帝大怒遣竇儀乘

駙往按之及獄成坐族死者二十四人儀奏辭之日帝旨甚峻故儀之用刑傷於深刻知州趙礪坐除名此事本只馬氏子一人遭殺何至於族誅二十四家其他可以類推矣太祖實錄竇儀傳有此文史臣但歸咎於儀云

竇正固

竇正固漢隱帝相也周世罷政以司徒就第後范質用此官在中書乃歸洛陽常與編戶課役正固不能堪訴於留守向拱拱不聽熙寧初富

韓公爲相神宗嘗對大臣稱知河南府李中師治狀公以中師厚結中人因對曰陛下何從知之中師銜其沮已及再尹河南富公已老乃籍其戶令出免役錢與富民等乃知君子失勢之時小人得易而侮之如向拱李中師輩固不乏也

鄭權

唐穆宗時以工部尚書鄭權爲嶺南節度使卿大夫相率爲詩送之韓文公作序言權功德可

稱道家屬百人無數畝之宅僦屋以居可謂貴而能貧爲仁者不富之效也舊唐史權傳云權在京師以家人數多奉入不足求爲鎮有中人之助南海多珍貨權頗積聚以遺之大爲朝士所嗤又薛廷老傳云鄭權因鄭注得廣州節度權至鎮盡以公家珍寶赴京師以酬恩地廷老以右拾遺上疏請按權罪中人由是切齒然則其爲人乃貪邪之士爾韓公以爲仁者何邪

黨錮牽連之賢

漢黨錮之禍知名賢士死者以百數海内塗炭其名迹章章者並載于史而一時牽連獲罪甘心以受刑誅皆節義之士而位行不顯僅能附見者甚多李膺死門生故吏並被禁錮侍御史景毅之子爲膺門徒未有録牒不及於譴毅慨然曰本謂膺賢遣子師之豈可以漏籍苟安遂自表免歸高城人巴肅被收自載詣縣縣令欲解印綬與俱去肅不可范滂在征羌詔下急捕督郵吳導至縣抱詔書閉傳舍伏牀而泣滂自

詣獄縣令郭揖大驚出解印綬引與俱亡滂曰
滂死則禍塞何敢以罪累君張儉亡命困迫遁
走所至破家相容其所經歷伏重誅者以十數
復流轉東萊上李篤家外黃令毛欽操兵到門
篤謂曰張儉亡非其罪縱儉可得寧忍執之乎
欽撫篤曰蘧伯玉恥獨為君子足下如何自專
仁義歎息而去儉得免後數年上禄長和海上
言黨人錮及五族非經常之法由是自從祖以
下皆得解釋此數君子之賢與是東漢尚名節

斯其驗歟

漢代文書式

漢代文書臣下奏朝廷朝廷下郡國有漢官典儀漢舊儀等所載然不若金石刻所著見者爲明白史晨祠孔廟碑前云建寧二年三月癸卯朔七日巳酉魯相臣晨長史臣謙頓首死罪上尚書臣晨頓首頓首死罪死罪末云臣晨誠惶誠恐頓首頓首死罪死罪上尚書副言太傅太尉司徒司空大司農府樊毅復華下民租碑前

後與此同無極山碑光和四年期月辛卯朔廿二日壬子太常臣耽丞敏頓首上尚書末云臣耽愚戇頓首頓首上尚書制曰可大尚讀爲太常承書從事期月十七日丁丑尚書令忠奏雒陽宮光和四年八月辛酉朔十七日丁丑尚書令忠下又云光和四年八月辛酉朔十七日丁丑太常耽丞敏下常山相孔廟碑前云司徒臣雄司空臣戒稽首言末云臣雄臣戒愚戇誠惶誠恐頓首頓首死罪死罪臣稽首以聞制曰可元嘉

◎

三年三月廿七日壬寅奏雒陽宮元嘉三年三
月丙子朔廿七日壬寅司徒雄司空戒下魯相
又云永興元年六月甲辰朔十八日辛酉魯相
平行長史事卞守長擅叩頭死罪敢言之司徒
司空府末云平惶恐叩頭死罪死罪上司空府
此碑有三公奏天子朝廷下郡國郡國上公府
三式始末詳備文惠公隸釋有之無極山祠事
以丁丑日奏雒陽宮是日下太常孔廟事以壬
寅日奏雒陽宮亦以是日下魯相又以見漢世

文書之不滯留也

資治通鑑

司馬公修資治通鑑辟范夢得爲官屬嘗以手帖論纘述之要大抵欲如左傳敘事之體又云凡年號皆以後來者爲定如武德元年則從正月便爲唐高祖更不稱隋義寧二年梁開平元年正月便不稱唐天祐四年故此書用以爲法然究其所窮頗有窒而不通之處公意正以春秋定公爲例於未即位即書正月爲其元年然

昭令以去年十二月薨則次年之事不得復係
於昭故定雖未立自當追書兼經文至簡不過
一二十字一覽可以了解若通鑑則不俟隋煬
帝大業十三年便以爲恭皇帝上直至下卷之
末恭帝立始改義寧後一卷則爲唐高祖蓋凡
涉歷三卷而煬帝固存方書其在江都時事明
皇後卷之首標爲肅宗至德元載至一卷之半
方書太子即位代宗下卷云上方勵精求治不
次用人乃是德宗也莊宗同光四年便係於天

成以爲明宗而卷内書命李嗣源討鄴至次卷首莊宗方殂潞王清泰三年便標爲晉高祖而卷内書石敬瑭反至卷末始爲晉天福凡此之類殊費分説此外如晉宋諸胡僭國所封建王公及除拜卿相纖悉必書有至二百字者又如西秦丞相南川宣公出連乞都卒魏都坐大官章安侯封懿天部大人白馬文正公崔宏宜都文成王穆觀鎮遠將軍平舒侯燕鳳平昌宣王和其奴卒皆無關於社稷治亂而周勃薨乃不

書及書漢章帝行幸長安進幸槐里岐山又幸
長平御池陽宮東至高陵十二月丁亥還宮又
乙未幸東阿北登太行山至天井關夏四月乙
卯還宮又書魏主七月戊子如魚池登青岡原
甲午還宮八月己亥如瀰澤甲寅登牛頭山甲
子還宮如此行役無歲無之皆可省也

　弱小不量力

楚莊王伐蕭蕭人因熊相宜僚及公子丙王曰
勿殺吾退蕭人殺之王怒遂滅蕭楚伐莒莒人

囚楚公子平楚人曰勿殺吾歸而俘莒人殺之楚師圍莒莒潰遂入鄆齊侯伐魯圍龍頃公之嬖人盧蒲就魁門焉龍人囚之齊侯曰勿殺吾與而盟無入而封弗聽殺而膊諸城上齊遂取龍夫以齊楚之大而莒一小國蕭一附庸龍一邊邑方受攻之際幸能囚執其人强敵許以勿殺而退師乃不度德量力致怨於彼至於亡滅可謂失計傳稱子產善相小國使當此時必有以處之矣

田横吕布

田横既敗竄居海島中高帝遣使召之曰横來大者王小者乃侯耳横遂與二客詣雒陽將至謂客曰横始與漢王俱南面稱孤今漢王爲天子而横乃爲亡虜北面事之其媿固已甚矣即自剄横不顧王侯之爵視死如歸故漢祖流涕稱其賢班固以爲雄才韓退之道出其墓下爲文以弔曰自古死者非一夫子至今有耿光其英烈凛然至今猶有生氣也吕布爲曹操所縛

將死之際乃語操曰明公之所患不過於布今已服矣令布將騎明公將步天下不足定也操竟殺之布之材未必在横下而欲忍恥事讐故東坡詩曰猶勝白門窮呂布欲將鞍馬事曹瞞蓋笑之也劉守光以燕敗爲晉王所擒既知不免猶呼曰王將復唐室以成霸業何不赦臣使自效此又庸奴下才無足責者

中山宜陽

戰國事雜出於諸書故有不可考信者魏文侯

使樂羊伐中山克之以封其子故任座云君得中山不以封君之弟而以封君之子翟璜云中山已拔無使守之臣進李克而趙世家書武靈王以中山負齊之强侵暴其地銳欲報之至於變胡服習騎射累年乃與齊燕共滅之遷其王於膚施此去魏文侯時已百年中山不應既亡而復存且膚施屬上郡本魏地爲秦所取非趙可得而置他人誠不可曉惟樂毅傳云魏取中山後中山復國趙復滅之史記六國表威烈王

十二年中山武公初立徐廣曰周定王之孫西
周桓公之子此尤不然宜陽於韓爲大縣顯王
三十四年秦伐韓拔之故屈宜臼云前年秦拔
宜陽正是昭侯時歷宣惠王襄王而秦甘茂又
拔宜陽相去幾三十年得非韓嘗失此邑既而
復取之乎

相六畜

莊子載徐無鬼見魏武侯告之以相狗馬荀子
論堅白同異云曾不如好相雞狗之可以爲名

也史記褚先生於日者傳後云黃直丈夫也陳君夫婦人也以相馬立名天下留長孺以相彘立名榮陽褚氏以相牛立名皆有高世絶人之風今時相馬者閒有之相牛者殆絶所謂雞狗彘者不復聞之矣劉向七畧相六畜三十八卷謂骨法之度數今無一存

卜筮不同

洪範七稽疑擇建立卜筮人有龜從筮逆之說禮記卜筮不相襲謂卜不吉則又筮筮不吉則

又卜以爲瀆龜筮左傳晉獻公欲以驪姬爲夫人卜之不吉筮之吉公曰從筮卜人曰筮短龜長不如從長魯穆姜徙居東宮筮之遇艮之八史曰是謂艮之隨杜預注云周禮大卜掌三易雜用連山歸藏二易皆以七八爲占故言遇艮之八史疑古易遇八爲不利故更以周易占變爻得隨卦也漢武帝時聚會占家問之某日可取婦乎五行家曰可堪輿家曰不可建除家曰不吉叢辰家曰大凶曆家曰小凶天人家曰小

吉太一家曰大吉辯訟不決以狀聞制曰避諸
死忌以五行爲主則曆卜諸家自古蓋不同矣
唐呂才作廣濟陰陽百忌曆世多用之近又有
三曆會同集蒐羅詳盡姑以擇日一事論之一
年三百六十日若泥而不通殆無一日可用也

日者

墨子書貴義篇云子墨子北之齊遇日者日者
曰帝以今日殺黑龍於北方而先生之色黑不
可以北子墨子不聽遂北至淄水不遂而反日

者曰我謂先生不可以北子墨子曰南之人不得北北之人不得南其色有墨者有白者何故皆不遂也且帝以甲乙殺青龍於東方以丙丁殺赤龍於南方以庚辛殺白龍於西方以壬癸殺黑龍於北方若子之言不可用也史記作日者列傳蓋本於此徐廣曰古人占候卜筮通謂之日者如以五行所直之日而殺其方龍不知其旨安在亦可謂悖矣

柳子厚黨叔文

柳子厚劉夢得皆坐王叔文黨廢黜劉頗飾非解謗而柳獨不然其答許孟容書云早歲與負罪者親善始奇其能謂可以共立仁義裨教化暴起領事人所不信射利求進者百不一得一旦快意更恣怨讟詆訶萬狀盡爲敵讐及爲叔文母劉夫人墓銘極其稱誦謂叔文堅明直亮有文武之用待詔禁中道合儲后獻可替否有康弼調護之勤訏謨定命有扶翼經緯之績將明出納有彌綸通變之勞內贊謨畫不廢其位

利安之道將施于人而夫人終於堂知道之士爲蒼生惜焉其語如此夢得自作傳云順宗即位時有寒儁王叔文以善弈棋得通籍博望因間隙得言及時事上大奇之叔文自言猛之後有遠祖風唯呂温李景儉柳宗元以爲信然三子皆與予厚善日夕過言其能叔文實工言治道能以口辯移人既得用其所施爲人不以爲當上素被疾詔下内禪宫掖事祕功歸貴臣於是叔文貶死韓退之於兩人爲執友至修順宗

實録直書其事云叔文密結有當時名欲僥倖而速進者劉禹錫柳宗元等十數人定爲死交蹤跡詭祕既得志劉柳主謀議唱和采聽外事及敗其黨皆斥逐此論切當雖朋友之義不能以少蔽也

漢武心術

史記龜策傳今上即位博開藝能之路悉延百端之學通一技之士咸得自效數年之閒太卜大集會上欲擊匈奴西攘大宛南收百越卜筮

至預見表象先圖其利及猛將推鋒執節獲勝於彼而蓍龜時日亦有力於此上尤加意賞賜至或數千萬如丘子明之屬富溢貴寵傾於朝廷至以卜筮射蠱道巫蠱時或頗中素有眦睚不快因公行誅恣意所傷以破族滅門者不可勝數百僚蕩恐皆曰龜策能言後事覺姦窮亦誅三族漢書音義以爲史遷沒後十篇闕有録無書元成之閒褚先生補闕言辭鄙陋日者龜策列傳在焉故後人頗薄其書然此卷首言今

上即位則是史遷指武帝其載巫蠱之寃如是今之論議者略不及之資治通鑑亦棄不取使丘子明之惡不復著見此由武帝博采異端馴致斯禍儻心術趨於正當不如是之酷也

禁天高之稱

周宣帝自稱天元皇帝不聽人有天高上大之稱官名有犯皆改之改姓高者爲姜九族稱高祖者爲長祖政和中禁中外不許以龍天君玉帝上聖皇等爲名字於是毛友龍但名友葉天

將但名將樂天作但名作句龍如淵但名句如
淵衞上達賜名仲達葛君仲改爲師仲方天任
爲大任方天若爲元若余聖求爲應求周綱字
君舉改曰元舉程振字伯玉改曰伯起程瑀亦
字伯玉改曰伯禹張讀字聖行改曰彥行蓋蔡
京當國遏絶史學故無有知周事者宣和七年
七月手詔以昨臣僚建請士庶名字有犯天王
君聖及主字者悉禁既非上帝名諱又無經據
謟佞不根貽譏後世罷之

宣和冗官

宣和元年蔡京將去相位臣僚方疏官僚冗濫之敝大略云自去年七月至今年三月遷官論賞者五千餘人如辰州招弓弩手而樞密院支差房推恩者八十四人兗州陞爲府而三省兵房推恩者三百三十六人至有入仕纔二年而轉十官者今吏部兩選朝奉大夫至朝請大夫六百五十五員橫行右武大夫至通侍二百二十九員修武郎至武功大夫六千九百九十一

員小使臣二萬三千七百餘員選人一萬六千五百餘員吏員猥冗差注不行詔三省樞密院令遵守成法然此詔以四月庚子下而明日辛丑以賞西陲誅討之功太師蔡京宰相余深王黼知樞密院鄧洵武各與一子官執政皆遷秩天子命令如是卽日廢格之京之罪惡至矣

容齋續筆卷第四

容齋續筆卷第五 十三則

秦隋之惡

自三代訖于五季爲天下君而得罪於民爲萬世所麾斥者莫若秦與隋豈二氏之惡浮於桀紂哉蓋秦之後即爲漢隋之後即爲唐皆享國久長一時論議之臣指引前世必首及之信而有證是以其事暴白於方來彌遠彌彰而不可蓋也嘗試裒舉之張耳曰秦爲亂政虐刑殘滅天下北爲長城之役南有五嶺之戍外內騷動

頭會箕斂重以苛法使父子不相聊張良曰秦
爲無道故沛公得入關爲天下除殘去賊陸賈
曰秦任刑法不變卒滅嬴氏王衛尉曰秦以不
聞其過亡天下張釋之曰秦任刀筆之吏爭以
亟疾苛察相高以故不聞其過陵夷至於二世
天下土崩賈山借秦爲喻曰爲宮室之麗使其
後世曾不得聚廬而託處爲馳道之麗後世不
得邪徑而託足爲葬薶之麗後世不得蓬顆而
託葬以千八百國之民自養力罷不能勝其役

財盡不能勝其求人與之爲怨家與之爲讐天下已壞而弗自知身死纔數月耳而宗廟滅絶賈誼曰商君遺禮誼棄仁恩并心於進取行之二歲秦俗日敗滅四維而不張君臣乖亂六親殃戮萬民離叛社稷爲虛又曰使趙高傅胡亥而教之獄今日即位明日射人其視殺人若刈草菅然置天下於法令刑罰德澤亡一有而怨毒盈於世下憎惡之如仇讐鼂錯曰秦發卒戍邊有萬死之害而亡銖兩之報天下明知禍烈

及巳也陳勝首倡天下從之如流水又曰任不肖而信讒賊民力罷盡矜奮自賢法令煩憯刑罰暴酷親踈皆危外內咸怨絶祀亡世董仲舒曰秦重禁文學不得挾書棄捐禮誼而惡聞之其心欲盡滅先聖之道而顓爲自恣苟簡之治自古以來未嘗有以亂濟亂大敗天下之民如秦者也又曰師申商之法行韓非之說憎帝王之道以貪狼爲俗賦斂亡度竭民財力羣盜並起死者相望而姦不息淮南王安曰秦使尉屠

雎攻越鑿渠通道曠日引久發適戍以備之往者莫反亡逃相從羣爲盜賊於是山東之難始興吾丘壽王曰秦廢王道立私義去仁恩而任刑戮至於赭衣塞路羣盜滿山主父偃曰秦任戰勝之威功齊三代務勝不休暴兵露師百姓靡敝孤寡老弱不能相養死者相望天下始叛徐樂曰秦之末世民困而主不恤下怨而上不知俗巳亂而政不脩陳涉之所以爲資也此之謂土崩嚴安曰秦一海内之政壞諸侯之城爲

知巧權利者進篤厚忠正者退法嚴令苛意廣心逸兵禍北結於胡南挂於越宿兵於無用之地進而不得退天下大畔滅世絶祀司馬相如曰二世持身不謹亡國失勢信讒不寤宗廟滅絶伍被曰秦爲無道百姓欲爲亂者十室而五使徐福入海欲爲亂者十室而六使尉佗攻百越欲爲亂者十室而七作阿房之宮欲爲亂者十室而八路溫舒曰秦有十失其一尚存治獄之吏是也賈捐之曰興兵遠攻貪外虛內天下

潰畔禍卒在於二世之末劉向曰始皇葬於驪山下錮三泉多殺宮人生薶工匠計以萬數天下苦其役而反之梅福曰秦爲無道削仲尼之迹絶周公之軌禮壞樂崩王道不通張誹謗之網以爲漢敺除谷永曰秦所以二世十六年而亡者養生泰奢奉終泰厚也劉歆曰燔經書殺儒士設挾書之法行是古之罪道術由是遂滅凡漢人之論秦惡者如此唐高祖曰隋氏以主驕臣諂亡天下孫伏伽曰隋以惡聞其過亡天

下薛收傳秦王平洛陽觀隋宮室歎曰煬帝無道殫人力以事夸侈收曰後主奢虐是矜死一夫之手爲後世笑張元素曰自古未有如隋亂者得非君自專法日亂乎造乾陽殿伐木於豫章一材之費已數十萬工乾陽畢功隋人解體魏證曰煬帝信虞世基賊徧天下而不得聞又曰隋唯責不獻食或供奉不精爲此無限而至於亡方其未亂自謂必無亂未亡自謂必不亡所以甲兵亟動徭役不息又曰恃其富強不虞

後患役萬物以自奉養子女玉帛是求宮室臺
榭是飾外示威重內行險忌上下相蒙人不堪
命以致隕匹夫之手又曰文帝驕其諸子使至
夷滅馬周曰貯積者固有國之常要當人有餘
力而後收之豈人勞而強斂之以資寇邪隋貯
洛口倉而李密因之積布帛東都而王世充據
之西京府庫亦爲國家之用陳子昂曰煬帝恃
四海之富鑿渠決河疲生人之力中國之難起
身死人手宗廟爲墟楊相如曰煬帝自恃其疆

不憂時政言同堯舜迹如桀紂舉天下之大一擲棄之吳兢曰煬帝驕矜自負以爲堯舜莫已若而諱亡憎諫乃曰有諫我者當時不殺後必殺之自是謇諤之士去而不顧外雖有變朝臣鉗口帝不知也柳宗元曰隋氏環四海以爲鼎跨九垠以爲鑪爨以毒燎熅以虐焰沸湧灼爛號呼騰蹈李珏曰隋文帝勞於小務以疑待下故三世而亡凡唐人之論隋惡者如此

漢唐二武

東坡云古之君子必憂治世而危明主明主有絶人之資而治世無可畏之防美哉斯言漢之武帝唐之武后不可謂不明而巫蠱之禍羅織之獄天下塗炭后妃公卿交臂就戮後世聞二武之名則憎惡之蔡確作詩用郝甑山上元間事宣仁謂以吾比武后蘇轍用武帝奢侈窮兵虛耗海內爲諫疏哲宗謂至引漢武上方先朝皆以之得罪人君之立政可不監玆

玉川子

韓退之寄盧仝詩云玉川先生洛城裏破屋數間而已矣一奴長鬚不裹頭一婢赤脚老無齒昨晚長鬚來下狀隔牆惡少惡難似每騎屋山下窺瞰渾舍驚怕走折趾立召賊曹呼五百盡取鼠輩尸諸市夫姦盜固不義然必有謂而發非貪慕貨財則挑暴子女如玉川之貧至於鄰僧乞米隔墻居者豈不知之若爲色而動窺見室家之好是以一赤脚老婢隕命也惡少可謂枉著一死予讀韓詩至此不覺失笑全集中有

所思一篇其略云當時我醉美人家美人顏色嬌如花今日美人棄我去青樓珠箔天之涯夢中醉臥巫山雲覺來淚滴湘江水湘江兩岸花木深美人不見愁人心相思一夜梅花發忽到窻前疑是君則其風味殊不淺韓詩當亦含譏諷乎

銀青階

唐自肅代以後賞人以官爵久而濅濫下至州郡胥吏軍班挍伍一命便帶銀青光禄大夫階

殆與無官者等明宗長興二年詔不得薦銀青階爲州縣官賤之至矣晉天福中中書舍人李詳上䟽以爲十年以來諸道職掌皆許推恩藩方薦論動踰數百乃至藏典書吏優伶奴僕初命則至銀青階被服皆紫袍象笏名器僭濫貴賤不分請自今節度州聽奏大將十人他州止聽奏都押牙都虞候孔目官從之馮拯之父俊當周太祖時補安遠鎮將以銀青光禄檢校太子賓客兼御史大夫至本朝端拱中拯登朝遇

郊恩始贈大理評事子八世從祖師暢暢子漢卿卿子膺圖在南唐時皆得銀青階至撿挍尚書祭酒然樂平縣帖之全稱姓名其差徭正與里長等元豐中李清臣論官制奏言國朝踵襲近代因循之弊牙挍有銀青光禄大夫階卒長開國而有食邑蓋爲此也今除授蕃官猶用此制紹興二十八年廣西經略司申安化三州蠻蒙全計等三百十八人進奉乞補官勳皆三班借差三班差使悉帶銀青祭酒而等第加勳文

安公在西垣爲之命詞

買馬牧馬

國家買馬南邊於邕管西邊於岷黎皆置使提督歲所綱發者蓋踰萬匹使臣將校得遷秩轉資沿道數十州驛程券食廏圉薪芻之費其數不貲而江淮之閒本非騎兵所能展奮又三牙遇暑月放牧於蘇秀以就水草亦爲逐處之患因讀五代舊史云唐明宗問樞密使范延光内外馬數對曰三萬五千匹帝嘆曰太祖在太原

騎軍不過七千先皇自始至終馬纔及萬今有鐵馬如是而不能使九州混一是吾養士練將之不至也延光奏曰國家養馬太多計一騎士之費可贍步軍五人三萬五千騎抵十五萬步軍既無所施虛耗國力帝曰誠如卿言肥騎士而瘠吾民民何負哉明宗出於蕃戎猶能以愛民爲念李克用父子以馬上立國制勝然所蓄只如此今蓄數倍之矣尺寸之功不建可不惜哉且明宗都洛陽正臨中州尚以爲騎士無所

施然則今雖純用步卒亦未爲失計也

杜詩用字

律詩用自字相字共字獨字誰字之類皆是實字及彼我所稱當以爲對故杜老未嘗不然今略紀其句于此徑石相縈帶川雲自去留山花相映發水鳥自孤飛衰顔聊自哂小吏最相輕高城秋自落雜樹晚相迷百鳥各相命孤雲無自心勝地初相引徐行得自娛雲裏相呼疾沙邊自宿稀暗飛螢自照水宿鳥相呼猿挂時相

學鷗行炯自如自吟詩送老相勸酒開顏俱飛
蛺蝶元相逐並蒂芙蓉本自雙自去自來堂上
燕相親相近水中鷗此時對雪遥相憶送客逢
春可自由梅花欲開不自覺棣萼一别永相望
桃花氣暖眼自醉春渚日落夢相牽此以自字
對相字也自須開竹徑誰道避雲蘿自笑燈前
舞誰憐醉後歌死去憑誰報歸來始自憐哀歌
時自短醉舞爲誰醒離别人誰在經過老自休
永夜角聲悲自語中天月色好誰看此以自字

對誰字也野人時獨往雲木曉相參正月鶯相
見非時鳥共聞江上形容吾獨老天涯風俗病
相親縱飲久判人共棄懶朝真與世相違此日
此時人共得一談一笑俗相看此以共字獨字
對相也

唐虞象刑

虞書象刑惟明象者法也漢文帝詔始云有虞
氏之時畫衣冠異章服以爲戮而民弗犯武帝
詔亦云唐虞畫象而民不犯白虎通云畫象者

其衣服象五刑也犯墨者蒙巾犯劓者赭著其
衣犯髕者以墨蒙其髕犯宮者屝屝草屨也大
辟者布衣無領其說雖未必然揚雄法言唐虞
象刑惟明說者引前詔以證然則唐虞之所以
齊民禮義榮辱而已不專於刑也秦之末年赭
衣半道而姦不息國朝之制減死一等及胥吏
兵卒配徒者涅其面而刺之本以示辱且使人
望而識之耳乆而益多每郡牢城營其額常溢
殆至十餘萬凶盜處之恬然蓋習熟而無所恥

也羅隱讒書云九人冠而一人髽則髽者慕而冠者勝九人髽而一人冠則冠者慕而髽者勝正謂是歟老子曰民常不畏死柰何以死懼之若使民常畏死則爲惡者吾得執而殺之孰敢可謂至言荀卿謂象刑爲治古不然亦正論也

崔常牛李

士大夫一時論議自各有是非不當一一校其平生賢否也常衮爲宰相唐德宗初立議羣臣喪服衮以爲遺詔云天下吏人三日釋服古者

卿大夫從君而服皇帝二十七日而除在朝羣
臣亦當如之祐甫以爲遺詔無朝臣庶人之别
凡百執事孰非吏人皆應三日釋服相與力爭
衮不能堪奏貶祐甫巳而衮坐欺罔貶祐甫代
之議者以祐甫之賢遠出衮右故不復評其事
然揆之以理則衮之言爲然李德裕爲西川節
度使吐蕃維州副使悉怛謀請降德裕遣兵據
其城具奏其狀欲因是擣西戎腹心百官議皆
請如德裕策宰相牛僧孺曰吐蕃之境四面各

萬里失一維州未能損其勢比來修好約罷戍兵彼若來責失信上平涼坂萬騎綴回中怒氣直辭不三日至咸陽橋此時西南數千里外得百維州何所用之文宗以爲然詔以城歸吐蕃由是德裕怨僧孺益深議者亦以德裕賢於僧孺咸謂牛李私憾不釋僧孺嫉德裕之功故沮其事然以今觀之則僧孺爲得司馬温公斷之以義利兩人曲直始分

盜賊怨官吏

陳勝初起兵諸郡縣苦秦吏暴爭殺其長吏以
應勝晉安帝時孫恩亂東土所至醢諸縣令以
食其妻子不肯食者輒支解之隋大業末羣盜
蜂起得隋官及士族子弟皆殺之黃巢陷京師
其徒各出大掠殺人滿街巢不能禁尤憎官吏
得者皆殺之宣和中方臘爲亂陷數州凡得官
吏必斷臠支體探其肺腸或熬以膏油叢鏑亂
射備盡楚毒以償怨心杭卒陳通爲逆每獲一
命官亦即梟斬豈非貪殘者爲吏倚勢虐民比

屋抱恨思一有所出久矣故乘時肆志人自爲怒乎

作詩先賦韻

南朝人作詩多先賦韻如梁武帝華光殿宴飲連句沈約賦韻曹景宗不得韻啓求之乃得競病兩字之類是也予家有陳後主文集十卷載王師獻捷賀樂文思預席羣僚各賦一字仍成韻上得盛病柄令横映夐併鏡慶十字宴宣猷堂得迮格白赫易夕擲斥坼啞十字幸舍人省

得曰謚一瑟畢訖橋質帙實十字如此者凡數
十篇今人無此格也

后妃命數

左傳所載鄭文公之子十餘人其母皆貴胄而
子多不得其死惟賤妾燕姞生穆公獨繼父有
國子孫蕃衍盛大與鄭存亡薄姬入漢王宮歲
餘不得幸其所善管夫人趙子兒先幸漢王為
言其故王即召幸之歲中生文帝自有子後希
見及呂后幽諸幸姬不得出宮而薄氏以希見

故得從子之代爲代太后終之承漢大業者文帝也景帝召程姬程姬有所避不願進而飾侍者唐兒使夜往上醉不知而幸之遂有身生長沙王發以母微無寵故王卑濕貧國漢之宗室十有餘萬人而中興炎祚成四百年之基者發之五世孫光武也元帝爲太子所愛司馬良娣死怒諸娣妾莫得進見宣帝令皇后擇後宮家人子五人虞侍太子后令旁長御問所欲太子殊無意於五人者不得巳於皇后彊應曰此中

一人可乃王政君也一幸有身生成帝自有子後希復進見然歷漢四世爲天下母六十餘載觀此四后妃者可謂承恩有限而光華啓佑與同輩遼絶政君遂爲先漢之禍天之所命其亦各有數乎徽宗皇帝有子三十人唯高宗皇帝再復大業顯仁皇后在宮掖時亦不肯與同列爭進甚類薄太后云

公爲尊稱

柳子厚房公銘陰曰天子之三公稱公王者之

後稱公諸侯之入爲王卿士亦曰公尊其道而
師之稱曰公古之人通謂年之長者曰公而大
臣罕能以姓配公者唐之最著者曰房公東坡
墨君亭記云凡人相與稱呼者貴之則曰公范
曄漢史惟三公乃以姓配之未嘗或紊如鄧禹
稱鄧公吳漢稱吳公伏公湛宋公宏牟公融袁
公安李公固陳公寵橋公玄劉公寵崔公烈胡
公廣王公龔楊公彪荀公爽皇甫公嵩曹公操
是也三國亦有諸葛公司馬公顧公張公之目

其在本朝唯韓公富公范公歐陽公司馬公蘇公爲最著也

臺城少城

晉宋閒謂朝廷禁省爲臺故稱禁城爲臺城官軍爲臺軍使者爲臺使卿士爲臺官法令爲臺格需科則曰臺有求須調發則曰臺所遣兵劉夢得賦金陵五詠故有臺城一篇今人於他處指言建康爲臺城則非也晉益州刺史治大城蜀郡太守治少城皆在成都猶云大城小城耳

杜子美在蜀日賦詩故有東望少城之句今人
於他處指成都爲少城則非也

容齋續筆卷第五

容齋續筆卷第六 十五則

嚴武不殺杜甫

新唐書嚴武傳云房琯以故宰相爲巡内刺史武慢倨不爲禮最厚杜甫然欲殺甫數矣李白爲蜀道難者爲房與杜危之也甫傳云武以世舊待甫甫見之或時不巾嘗醉登武牀瞪視曰嚴挺之乃有此兒武銜之一日欲殺甫冠鉤于簾三左右白其母奔救得止舊史但云甫性褊躁嘗憑醉登武牀斥其父名武不以爲忤初無

所謂欲殺之說蓋唐小說所載而新書以爲然予按李白蜀道難本以譏章仇兼瓊前人嘗論之矣甫集中詩凡爲武作者幾三十篇送其還朝者曰江村獨歸處寂寞養殘生喜其再鎭蜀曰得歸茅屋赴成都直爲文翁再剖符此猶是武在時語至哭其歸櫬及八哀詩記室得何遜韜鈐延子荆蓋以自况空餘老賓客身上媿簪纓又以自傷若果有欲殺之怨必不應眷眷如此好事者但以武詩有莫倚善題鸚鵡賦之句

故用證前說引黃祖殺禰衡爲喻殆是癡人面前不得說夢也武肯以黃祖自比乎

王嘉薦孔光

漢王嘉爲丞相以忠諫忤哀帝事下將軍朝者光祿大夫孔光等劾嘉迷國罔上不道請與廷尉雜治上可其奏光請謁者召嘉詣廷尉嘉對吏自言不能進賢退不肖吏問主名嘉曰賢故丞相孔光不能進嘉死後上覽其對思嘉言復以光爲丞相按嘉之就獄由光逢君之惡而嘉

且死尚稱其賢嘉用忠直隕命名章一時然亦可謂不知人矣光之邪佞鬼所唾也奴事董賢協媚王莽爲漢蟊蠈尚得爲賢也哉

朱温三事

義理所在雖盜賊凶悖之人亦有不能違者劉仁恭爲盧龍節度使其子守文守滄州朱全忠引兵攻之城中食盡使人說以早降守文應之曰僕於幽州父子也梁王方以大義服天下若子叛父而來將安用之全忠愧其辭直爲之緩

攻其後還師悉焚諸營貲糧在舟中者鑿而沉
之守文遺全忠書曰城中數萬口不食數月矣
與其焚之爲煙沉之爲泥願乞其所餘以救之
全忠爲之留數囷滄人賴以濟及篡唐之後蘇
循及其子楷自謂有功於梁當不次擢用全忠
薄其爲人以其爲唐鴟梟賣國求利勒循致仕
斥楷歸田里宋州節度使進瑞麥省之不懌曰
宋州今年水災百姓不足何用此爲遣中使詰
責之縣令除名此三事在他人爲不足道於全

忠則爲可書矣所謂憎而知其善也

文字潤筆

作文受謝自晉宋以來有之至唐始盛李邕傳邕尤長碑頌中朝衣冠及天下寺觀多齎持金帛徃求其文前後所製月數百首受納饋遺亦至巨萬時議以爲自古鬻文獲財未有如邕者故杜詩云干謁滿其門碑版照四裔豐屋珊瑚鉤騏驎織成罽紫騮隨劍几義取無虛歲又有送斛斯六官詩云故人南郡去去索作碑錢本

賣文爲活翻令室倒懸蓋笑之也韓愈撰平淮西碑憲宗以石本賜韓宏宏寄絹五百匹作王用碑用男寄鞍馬并白玉帶劉乂持愈金數斤去曰此諛墓中人得耳不若與劉君爲壽愈不能止劉禹錫祭愈文云公鼎侯碑志隧表阡一字之價輦金如山皇甫湜爲裴度作福先寺碑度贈以車馬繒綵甚厚湜大怒曰碑三千字字三縑何遇我薄邪度笑酬以絹九千匹穆宗詔蕭俛撰成德王士眞碑俛辭曰王承宗事無可

書又撰進之後例得貺遺若匪勉受之則非平生之志帝從其請文宗時長安中爭爲碑誌若市賈然天官卒其門如市至有喧競爭致不由喪家裴均之子持萬縑詣韋貫之求銘貫之曰吾寧餓死豈忍爲此哉白居易修香山寺記曰予與元微之定交於生死之閒微之將薨以墓誌文見託既而元氏之老狀其臧獲輿馬綾帛洎銀鞍玉帶之物價當六七十萬爲謝文之贄予念平生分贄不當納往反再三訖不得已回

施茲寺凡此利益功德應歸微之柳玭善書自御史大夫貶瀘州刺史東川節度使顧彦暉請書德政碑玭曰若以潤筆爲贈即不敢從命本朝此風猶存唯蘇坡公於天下未嘗銘墓獨銘五人皆盛德故謂富韓公司馬温公趙清獻公范蜀公張文定公也此外趙康靖公滕元發二銘乃代文定所爲者在翰林日詔撰同知樞密院趙瞻神道碑亦辭不作曾子開與彭器資爲執友彭之亡曾公作銘彭之子以金帶縑帛爲

謝却之至再曰此文本以盡朋友之義若以貨見投非足下所以事父執之道也彭子皇懼而止此帖今藏其家

漢舉賢良

漢武帝建元元年詔舉賢良方正直言極諫之士丞相綰奏所舉賢良或治申商韓非蘇秦張儀之言亂國政請皆罷奏可是時對者百餘人帝獨善莊助對擢爲中大夫後六年當元光元年復詔舉賢良於是董仲舒等出焉資治通鑑

書仲舒所對爲建元按策問中云朕親耕籍田勸孝弟崇有德使者冠蓋相望問勤勞恤孤獨盡思極神對策曰陰陽錯繆氛氣充塞羣生寡遂黎民未濟必非即位之始年也

戊爲武

十干戊字只與茂同音俗輩呼爲務非也吳中術者又稱爲武偶閱舊五代史梁開平元年司天監上言日辰内戊字請改爲武乃知亦有所自也今北人語多曰武朱温父名誠以戊類成

字故司天謂之耳

怨耦曰仇

左傳師服曰嘉耦曰妃怨耦曰仇古之命也注云自古有此言按許叔重說文於逑字上引虞書曰方逑孱功又曰怨匹曰逑然則出於虞書今亡矣以鳩僝爲逑孱以耦爲匹以仇爲逑其不同如此而僝字下所引乃曰旁救僝功自有二說旻字下引虞書曰仁閔覆下則稱旻天㜸字下引虞書雉㜸今皆無此

説文與經傳不同

許叔重在東漢與馬融鄭康成輩不甚相先後而所著説文引用經傳多與今文不同聊摭逐書十數條以示學者其字異而音同者不載所引周易百穀草木麗乎土爲艸木蘽乎地服牛乘馬爲犕（音備）牛乘馬夕惕若厲爲若夤其文蔚也爲斐也乘馬班如爲驙如天地絪縕爲天地壹壼繻有衣袽爲需有衣絮書晉卦爲𣈆巽爲顨艮爲𥃩所引書帝乃殂落爲勛乃殂竄三苗

爲窾塞也音倅三苗勿以憸人爲諭人諭問也在後之
侗爲在夏后之詷尚不忌于凶德爲上不諅峙
乃糗糧爲餱糧敹胄子爲教育子百工營求爲
負求至於屬婦爲媰婦媰音鄒妊身也有疾弗豫爲有
疾不悆我之弗辟爲不辥截截諞言爲戔戔巧
言又圜圜升雲半有半無源有爪而不敢以撅
及以相陵懱維緇有稽之句皆云周書今所無
也所引詩既伯既禱爲既禡既禂新臺有泚爲
有玼焉得諼草爲安得蕿艸墻有茨爲有薺棘

人欒欒爲巒巒江之永矣爲羕矣得此戚施爲
䵳鼉伐木許許爲所所儦儦俟俟爲伾伾俟俟
嘽嘽駱馬爲瘆瘆赤舄几几爲巳巳又爲掔掔
音壂民之方殿屎爲方唸吚混夷駾矣爲犬夷呬
矣陶復陶穴爲陶𥨖𥨖地也室其會如林爲其旝國
步斯頻爲斯矉滌滌山川爲蔽蔽論語荷蕢爲
荷臾蕢蕢爲絓衣又有跢予之足一句孟子源
源而來爲謜謜音願徐也接淅爲滰淅滰其兩切乾漬米也左
傳尨涼爲牻涼芟夷爲癹音潑夷圭竇爲圭窬澤

之雈蒲爲澤之目籞禁苑也裹甸兩牡爲中佃一輆榆柎藉幹爲榆部薦幹公羊闖然爲覢然覢失冉切暫見也國語餽飯不及壺飧爲侁飯不及一食如此者甚多

周亞夫

漢景帝即位三年七國同日反吳王至稱東帝天下震動周亞夫一出即平之功亦不細矣而訖死於非罪景帝雖未爲仁君然亦非好殺卿大夫者何獨至亞夫而忍爲之竊嘗原其說亞

夫之為人班馬雖不明言然必悻直行行者方
其將屯細柳秪以備胡且近在長安數十里閒
非若出臨邊塞與敵對壘有呼吸不可測知之
事今天子勞軍至不得入及遣使持節詔之始
開壁門又使不得驅馳以軍禮見自言介胄之
士不拜天子改容稱謝然後去是乃王旅萬騎
乘輿黃屋顓制命於將帥豈人臣之禮哉則其
傲睨帝尊胄與性成故賜食不設箸有不平之
意鞅鞅非少主臣必已見於辭氣之閒以是隕

命其可惜也秦王猛伐燕圍鄴苻堅自長安赴之至安陽猛潛謁堅堅曰昔周亞夫不迎漢文帝今將軍臨敵而棄軍何也猛曰亞夫前却人主以求名臣竊少之猛之識慮視亞夫有間矣

煬王煬帝

金酋元顏亮隕於廣陵葛王褎巳自立於是追廢為王而謚曰煬邁奉使之日實首聞之接伴副使祕書少監王補言及此云北人戲謂之曰奉勑江南幹當公事回及歸覲德壽宮奏其事

高宗天顔甚悦曰亮去歲南牧已而死歸人皆以爲類符堅唯吾獨云似隋煬帝其死處既同今得謚又如此豈非天乎此段聖語當不見於史録故竊志之

鄭莊公

左傳載諸國事於第一卷首書鄭莊公自後紀其所行尤詳然每事必有君子一説唯詛射潁考叔以爲失政刑此外率稱其善杜氏注文又從而奬與之按莊公爲周卿士以平王貳於虢

而取王子爲質以威王畀虢公政而取温之麥取成周之禾以王奪不使知政忿而不朝拒天子之師射王中肩謂天子不能復巡守以泰山之祊易許田不勝其母以害其弟至有城頴及泉之誓是其事君事親可謂亂臣賊子者矣而曾無一語以貶之書姜氏爲母子如初杜注云公雖失之於初而孝心不忘故考叔感而通之書鄭伯以齊人朝王曰禮也杜云莊公不以虢公得政而背王故禮之書息侯伐鄭曰不度德

杜云鄭莊賢書取郜與防歸于魯曰可謂正矣以王命討不庭不貪其土以勞王爵書使許叔居許東偏曰於是乎有禮度德而處量力而行相時而動可謂知禮書周鄭交惡曰信不由中質無益也是乃以天子諸侯混爲一區無復有上下等威之辨射王之夜使祭足勞王杜云鄭志在苟免王討之非也此段尤爲悖理唯公羊子於克段于鄢之下書曰大鄭伯之惡爲得之

百六陽九

史傳稱百六陽九爲厄會以曆志考之其名有八初入元百六曰陽九次曰陰九又有陰七陽七陰五陽五陰三陽三皆謂之災歲大率經歲四千五百六十而災歲五十七以數計之每及八十歲則值其一今人但知陽九之厄云經歲者常歲也

左傳易筮

左傳所載周易占筮大抵只一爻之變未嘗有兩爻以上者畢萬筮仕遇屯之比初九變也成

季將生遇大有之乾六五變也晉嫁伯姬遇歸
妹之睽上六變也晉文公迎天子遇大有乃九
三變而之睽叔孫莊叔生子豹遇明夷乃初九
變而之謙崔杼娶妻遇困乃六三變而之大過
南蒯作亂遇坤乃六五變而之比趙鞅救鄭遇
泰乃六五變而之需占者即演而爲說然崔杼
入于其宮不見其妻叔孫君子于行三日不食
殆若專爲二子所作也唯陳厲公生敬仲遇觀
之否周史曰坤土也巽風也乾天也風爲天於

土上山也有山之材而照之以天光於是乎居土上杜氏注云自二至四有艮象艮爲山子謂此正是用中爻取義前書論之詳矣又有相與論事不假著占而引卦以言者如鄭公子曼滿欲爲卿王子伯廖曰周易有之在豐之離晉先縠違命進師知莊子曰周易有之在師之臨楚王忲侈子大叔曰在復之頤但以爻辭合其所行之事耳至於爲嬴敗姬伐齊則可等語自是一時探賾索隱非後人所可到也衞襄公生子

孔成子占之亦遇屯之比與畢萬同雖史朝與辛廖之言則異然皆以利建侯爲主

鍾繇自劾

漢建安中曹操以鍾繇爲司隸校尉督關中諸軍詔召河東太守王邑而拜杜畿爲太守郡掾請繇求留邑繇不聽邑詣許自歸繇自以威禁失督司之法乃上書自劾曰謹按侍中守司隸校尉東武亭侯鍾繇幸得蒙恩以斗筲之才仍見拔擢顯從近密銜命督使明知詔書深疾長

吏政教寬弱撿下無刑久病淹滯衆職荒頓既舉文書操彈失理輕慢憲度不與國同心爲臣不忠大爲不敬臣請法車召詣廷尉治罪大鴻臚削爵土臣輒以文書付功曹從事伏須罪誅詔不許予觀近時士大夫自劾者不過云乞將臣重行竄黜闔門待罪而已如繇此章蓋與爲他人所糾亡異也豈非身爲司隸職在刺舉故如是乎

大義感人

理義感人心其究至於浹肌膚而淪骨髓不過語言造次之間初非有怪奇卓詭之事也楚昭王遭吳闔廬之禍國滅出亡父老送之王曰父老返矣何患無君父老曰有君如是其賢也相與從之或奔走赴秦號哭請救竟以復國漢高祖入關召諸縣豪桀曰父老苦秦苛法久矣吾當王關中與父老約法三章耳凡吾所以來爲父兄除害非有所侵暴毋恐乃使人與秦吏行至縣鄉邑告諭之秦民大喜已而項羽所過殘

滅民大失望劉氏四百年基業定於是矣唐明
皇避禄山亂至扶風士卒頗懷去就流言不遜
召入諭之曰朕託任失人致逆胡亂常須遠避
其鋒卿等倉卒從朕不得别父母妻子朕甚愧
之今聽各還家朕獨與子弟入蜀今日與卿等
訣歸見父母及長安父老爲朕致意衆皆哭曰
死生從陛下自是流言遂息賊圍張巡於雍丘
大將勸巡降巡設天子畫像帥將士朝之人人
皆泣巡引六將於前責以大義而斬之士心益

勸河北四凶稱王李抱眞使賈林說王武俊託
爲天子之語曰朕前事誠誤朋友失意尚可謝
況朕爲四海之主乎武俊即首唱從化及奉天
詔下武俊遣使謂田悅曰天子方在隱憂以德
綏我何得不悔過而歸之王庭湊盜據成德韓
愈宣慰庭湊拔刃弦弓以逆及館羅甲士於廷
愈爲言安史以來逆順禍福之理庭湊恐衆心
動麾之使出訖爲藩臣黃巢僞赦至鳳翔節度
使鄭畋不出樂奏將佐皆哭巢使者怪之幕客

曰以相公風痺不能來故悲耳民間聞者無不泣畋曰吾固知人心尚未厭唐賊授首無日矣旋起兵卒倡諸鎮以復長安田悦以魏叛喪師道還亦能以語言動衆心誓同生死乃知陸贄勸德宗痛自咎悔以言謝天下制書所下雖武人悍卒無不感動流涕識者知賊不足平凡此數端皆異代而同符也國家靖康建炎之難極矣不聞有此何邪

容齋續筆卷第六

容齋續筆卷第七　十七則

田租輕重

李悝爲魏文侯作盡地力之教云一夫治田百晦歲收粟百五十石除十一之稅十五石餘百三十五石蓋十一之外更無他數也今時大不然每當輸一石而義倉省耗別爲一斗二升官倉明言十加六復於其間用米之精粗爲說分若干甲有至七八甲者則數外之取亦如之庾人執槩從而輕重其手度二石二三斗乃可給

至於水脚頭子市例之類其名不一合爲七八百錢以中價計之并僦船負擔又須五斗殆是一而取三以予所見唯會稽爲輕視前所云不能一半也董仲舒爲武帝言民一歲力役三十倍於古而田租口賦二十倍於古謂一歲之中失其資產三十及二十倍也又云或耕豪民之田見稅十五言下户貧民自無田而耕墾豪富家田十分之中以五輸本田主今吾鄉俗正如此目爲主客分云

女子夜績

漢食貨志云冬民既入婦人相從夜績女工一月得四十五日謂一月之中又得半夜爲四十五日也必相從者所以省費燎火同巧拙而合習俗也戰國策甘茂亡秦出關遇蘇代曰江上之貧女與富人女會績而無燭處女相與語欲去之女曰妾以無燭故常先至掃室布席何愛餘明之照四壁者幸以賜妾以是知三代之時民風和厚勤樸如此非獨女子也男子亦然豳

風晝爾于茅宵爾索綯言晝日往取茅歸夜作綯索以待時用也夜者日之餘其爲益多矣

淮南王

漢淮南厲王死民作歌以諷文帝曰一尺布尚可縫一斗粟尚可舂兄弟二人不相容此史漢所書也高誘作鴻烈解敘及許叔重注文其辭乃云一尺繒好童童一升粟飽蓬蓬兄弟二人不能相容殊爲不同後人但引尺布斗粟之喻耳厲王子安復爲王招致賓客方術之士作爲

內書二十一篇外書甚衆又有中篇八卷言神仙黄白之術漢書藝文志淮南内二十一篇淮南外三十三篇列於雜家今所存者二十一卷蓋内篇也壽春有八公山正安所延致客之處傳記不見姓名而高誘敘以爲蘇飛李尚左吳田由雷被毛被伍被晉昌等八人然唯左吳雷被伍被見於史雷被者蓋爲安所斥而亡之長安上書者疑不得爲賓客之賢也

薛國久長

左傳載魯哀公大夫云禹合諸侯于塗山執玉帛者萬國今其存者無數十焉漢公孫卿語武帝云黄帝萬諸侯而神靈之封君七千按王制所紀九州凡千七百七十有三國多寡殊不侔以環移之一君會朝所將吏卒姑以百人計之則萬國之衆當爲百萬塗山之下將安所歸宿乎其爲衢言無可疑者所謂存者數十考諸經傳可見者唯薛耳薛之祖奚仲爲夏禹掌車服大夫自此受封歷商及周末始爲宋偃王所滅

其享國千九百餘年傳六十四代三代諸侯莫之與比薛壤地褊小以詩則不列於國風以世家則不列於史記而春秋二百四十二年之閒視同儕邾杞滕郿獨未嘗受大國侵伐則其爲邦亦自有持守之道矣

建除十二辰

建除十二辰史漢曆書皆不載日者列傳但有建除家以爲不吉一句惟淮南鴻烈解天文訓篇云寅爲建卯爲除辰爲滿巳爲平主生午爲

定未爲執主陷申爲破主衡酉爲危主杓戌爲
成主少德亥爲收主大德子爲開主太歲丑爲
閉主太陰今會元官曆每月逢建平破收日皆
不用以建爲月陽破爲月對平收隨陰陽月遞
互爲魁罡也酉陽雜俎夢篇云周禮以日月星
辰各占六夢謂日有甲乙月有建破今注無此
語正義曰按堪輿黄帝問天老事云四月陽建
於巳破於亥陰建於未破於癸是爲陽破陰陰
破陽今不知何書所載但又以十干爲破未之

前聞也

俗語筭數

三三如九三四十二二八十六四四十六三九二十七四四九九三十六六六三十六五八四十五九四十五六九五十四七九六十三八九七十二九九八十一皆俗語筭數然淮南子中有之三七二十一蘇秦說齊王之辭也漢書律曆志劉歆典領鍾律奏其辭亦云八八六十四杜預注左傳天子用八云八八六十四人又六六三

十六人四四十六八如淳孟康晉灼注漢志亦有二八十六三四十二六八四十八八八六十四等語

伾文用事

唐順宗即位抱疾不能言王伾王叔文以東宮舊人用事政自已出即日禁宮市之擾民五坊小兒之暴閭巷罷鹽鐵使之月進出教坊女伎六百還其家以德宗十年不下赦令左降官雖有名德才望不復敘用即追陸贄鄭餘慶韓臯

陽城還京師起姜公輔爲刺史人情大悦百姓相聚讙呼又謀奪宦者兵既以范希朝及其客韓泰摠統京西諸城鎮行營兵馬中人尚未悟會諸將以狀來辭始大怒令其使歸告其將無以兵屬人當是時此計若成兵柄歸外朝則定策國老等事必不至後日之患矣所交黨與如陸質呂温李景儉韓曄劉禹錫柳宗元皆一時豪儁知名之上惟其居心不正好謀務速欲盡據大權如鄭珣瑜高郢武元衡稍異已者皆亟

斥徙以故不旋踵而身陷罪戮後世蓋有居伾文之地而但務嘯引沾沾小人以爲鷹犬者殆又不足以望其百一云白樂天諷諫元和四年作其中賣炭翁一篇蓋爲宮市然則未嘗能絕也

五十絃瑟

李商隱詩云錦瑟無端五十絃說者以爲錦瑟者令狐丞相侍兒小名此篇皆寓言而不知五十絃所起劉昭釋名箜篌云師延所作靡靡之

樂蓋空國之侯所作也段安節樂府録云箜篌乃鄭衛之音以其亡國之聲故號空國之侯亦曰坎侯吳兢解題云漢武依琴造坎侯言坎坎應節也後訛爲箜篌予按史記封禪書云漢公孫卿爲武帝言太帝使素女鼓五十弦瑟悲帝禁不止故破其瑟爲二十五弦於是武帝益召歌兒作二十五弦及空侯應劭曰帝令樂人侯調始造此器前漢郊祀志備書此事言空侯瑟自此起顔師古不引劭所注然則二樂本始曉

然可攷雖劉昊博洽亦不深究且空元非國名
其說尤穿鑿也初學記太平御覽編載樂事亦
遺而不書莊子言魯遽調瑟二十五絃皆動蓋
此云續漢書云靈帝胡服作箜篌亦非也

遷固用疑字

東坡作趙德麟字說云漢武帝獲白麟司馬遷
班固書曰獲一角獸蓋麟云蓋之爲言疑之也
予觀史漢所紀事凡致疑者或曰若或曰云或
曰焉或曰蓋其語舒緩含深意姑以封禪書郊

祀志考之漫記于此雍州好時自古諸神祠皆聚云蓋黃帝時嘗用事雖晚周亦郊焉三神山蓋嘗有至者諸僊人及不死之藥皆在焉未能至望見之焉新垣平望氣言有神氣成五采若人冠絻焉權火舉而祠若光煇然屬天焉出長安門若見五人於道北蓋夜致王夫人之貌云天子自帷中望見焉登中岳太室從官在山下聞若有言萬歲者云祭封禪祠其夜若有光封鑾大詔天若遺朕士而大通焉河東迎鼎有黃

雲蓋焉見神人東萊山若云欲見天子方士言蓬萊諸神若將可得天子爲塞河興通天臺若見有光云獲若石云于陳倉此外如所謂及羣臣有言老父則大以爲僊人也可爲爲觀如緱城神人宜可致天旱意乾封乎然其效可睹矣詞旨亦相似

僭亂的對

王莽竊位稱新室公孫述稱成家袁術稱仲家董卓郿塢公孫瓚易京皆自然的對也

月不勝火

莊子外物篇利害相摩生火甚多衆人焚和月固不勝火於是乎有焚和而道盡注云大而闇則多累小而明則知分東坡所引乃曰郭象以爲大而闇不若小而明陋哉斯言也爲更之曰月固不勝燭言明於大者必晦於小月能燭天地而不能燭毫釐此其所以不勝火也然卒之火勝月耶月勝火耶予記朱元成萍洲可談所載王荆公在修撰經義局因見舉燭言佛書有

日月燈光明佛燈光豈足以配日月乎呂惠卿曰日煜乎晝月煜乎夜燈煜乎日月所不及其用無差別也公大以爲然蓋發言中理出人意表云予妄意莊子之旨謂人心如月湛然虛靜而爲利害所薄生火熾然以焚其和則月不能勝之矣非論其明闇也

靈臺有持

莊子庚桑楚篇云靈臺者有持而不知其所持而不可持者也郭象云有持者謂不動於物耳

其實非持若知其所持而持之持則失也陳碧虚云眞宰存焉隨其成心而師之予謂是皆置論於言意之表玄之又玄復采莊子之語以爲說而於本旨殆不然也嘗記洪慶善云此一章謂持心有道苟爲不知其所以持之則不復可持矣蓋前二人解釋者爲兩而字所惑故從而爲之辭

董仲舒災異對

漢武帝建元六年遼東高廟長陵高園殿災董

仲舒居家推説其意草稾未上主父偃竊其書奏之上召視諸儒仲舒弟子呂步舒不知其師書以爲大愚於是下仲舒吏當死詔赦之仲舒遂不敢復言灾異此本傳所書而五行志載其對曰漢當亡秦大敝之後承其下流又多兄弟親戚骨肉之連驕揚奢侈恣睢者衆故天灾若語陛下非以太平至公不能治也視親戚貴屬在諸侯遠正最甚者忍而誅之如吾燔遼東高廟迺可視近臣在國中處旁仄及貴而不正者

忍而誅之如吾燔高園殿迺可云爾在外而不正者雖貴如高廟猶災燔之況諸侯乎在内不正者雖貴如高園殿猶燔災之況大臣乎此天意也其後淮南衡山王謀反上思仲舒前言使吕步舒持斧鉞治淮南獄以春秋誼顓斷於外不請既還奏事上皆是之凡與王謀反列侯二千石豪傑皆以罪輕重受誅二獄死者數萬人嗚呼以武帝之嗜殺時臨御方數歲可與爲善廟殿之災豈無他説而仲舒首勸其殺骨肉大

臣與平生學術大爲乖剌馴致數萬人之禍皆此書啓之也然則下吏幾死蓋天所以激步舒云使其就戮非不幸也

李正巳獻錢

唐德宗初即位淄青節度使李正巳畏上威名表獻錢三十萬緡上欲受之恐見欺却之則無辭宰相崔祐甫請遣使慰勞淄青將士因以正巳所獻錢賜之使將士人人戴上恩諸道知朝廷不重貨財上悅從之正巳大慙服天下以爲

太平之治庶幾可望紹興三十年鎮江都統制
劉寶乞請闕奏事朝廷以其方命刻下罷就散
職寶規取恩寵掃一府所有載以自隨巨舟連
檣白金至五艦他所齎挾皆稱是其始謀蓋云
此行不以何事必可力買旣至趂趄國門不許
入覲或以謂欲上諸内府予時爲樞密撿詳爲
丞相言援祐甫所陳乞以寶所齎等第賜其本
軍明降詔書遣一朝士以寶平生過惡告諭卒
伍使知明天子惠綏惻怛之意或寶靳固奄有

仍爲巳物則宜因人之言發命詰問在行之物本安所出今安所用悉取而籍之就其舟楫北還充賜尤可以破其谿壑無厭之謀湯岐公當國不能用也

宣室

漢宣室有殿有閣皆在未央宫殿北三輔黄圖以爲前殿正室武帝爲竇公主置酒引内董偃東方朔曰宣室者先帝[illegible]正處也非法度之政不得入焉文帝受釐于此宣帝常齋居以决事

如淳曰布政教之室也然則起於高祖時蕭何
所創爲退朝聽政之所而史記龜策傳云武王
圍紂象郎自殺宣室徐廣曰天子之居名曰宣
室淮南子云武王甲卒三千破紂牧野殺之宣
室注曰商宮名一曰獄也蓋商時已有此名漢
偶與之同黃圖乃以爲漢取舊名非也

昔昔鹽

薛道衡以空梁落燕泥之句爲隋煬帝所嫉考
其詩名昔昔鹽凡十韻垂柳覆金堤蘼蕪葉復

齊水溢芙蓉沼花飛桃李蹊采桑秦氏女織錦竇家妻關山別蕩子風月守空閨常斂千金笑長垂雙玉啼盤龍隨鏡隱彩鳳逐帷低飛魂同夜鵲倦寢憶晨雞暗牖懸蛛網空梁落燕泥前年過代北今歲往遼西一去無消息那能惜馬蹄唐趙嘏廣之爲二十章其燕泥一章云春至今朝燕花時伴獨啼飛斜珠箔隔語近畫梁低帷卷閒窺戶牀空暗落泥誰能長對此雙去復雙棲樂苑以爲羽調曲玄怪録載蘧篨三娘工

唱阿鵲鹽又有突厥鹽黃帝鹽白鴿鹽神雀鹽踈勒鹽滿座鹽歸國鹽唐詩媚頼吳娘唱是鹽更奏新聲刮骨鹽然則歌詩謂之鹽者如吟行曲引之類云今南嶽廟獻神樂曲有黃帝鹽而俗傳以爲皇帝炎長沙志從而書之蓋不考也韋穀編唐才調詩以趙詩爲劉長卿而題爲別宕子怨誤矣

將帥當專

周易師卦六三師或輿尸凶九五長子帥師弟

子輿尸正凶爻意謂用兵當付一帥苟其儔雜
然臨之則凶矣輿尸者衆主也安慶緒既敗遁
歸相州肅宗命郭汾陽李臨淮九節度致討以
二人皆元勲難相統屬故不置元帥但以宦者
魚朝恩爲觀軍容宣慰處置使步騎六十萬爲
史思明所挫一戰而潰憲宗討淮西命宣武等
十六道進軍雖以韓弘爲都統而身未嘗至既
無統帥至四年不克及裴度一出纔數月即成
功穆宗討王庭湊朱克融時裴度鎮河東亦爲

都招討使羣帥如李光顔烏重胤皆當時名將而翰林學士元稹意圖宰相忌度先進與知樞密魏簡相結度每奏畫軍事輒從中沮壞之故屯守踰年竟無成績正元之誅吳少誠元和之征盧從史皆此類也石晉開運中爲契丹所攻中國兵力寡弱桑維翰爲宰相一制指揮節度使十五人雖杜重威李守正張彦澤輩駑材反虜然重威爲主將陽城之戰三人者尚能以身徇國大敗彊胡耶律德光乘橐駝奔竄僅而獲

免由是觀之大將之權其可不專邪

容齋續筆卷第七

容齋續筆卷第八　十五則

蓍龜卜筮

古人重卜筮其究至於通神龜爲卜蓍爲筮故曰假爾泰龜有常假爾泰筮有常定天下之吉凶成天下之亹亹所以使民信時日敬鬼神畏法令舜之命禹武王之伐紂召公相宅周公營成周未嘗不昆命元龜襲祥考卜然筮短龜長則龜卜猶在易筮之上漢藝文志劉向所輯七略自龜書夏龜之屬凡十五家至四百一卷後

世無傳焉今之揲蓍者率多流入於影象所謂
龜策惟市井細人始習此藝其得不過數錢士
大夫未嘗過而問也伎術標牓所在如織五星
六壬衍禽三命軌析太一洞微紫微太素遁甲
人人自以爲君平家家自以爲季主每況愈下
由是藉手于達官要人舟車交錯於道路毀譽
紛紜而術益隱矣周禮大卜掌三兆之灋一曰
玉兆二曰瓦兆三曰原兆杜子春云玉兆顓帝
之兆瓦兆帝堯之兆原兆有周之兆經兆之體

皆百有二十其頌皆千有二百又掌三易之灋曰連山曰歸藏曰周易其經卦皆八其別皆六十有四今獨周易之書存他不復可見世謂文王重易六爻爲六十四卦然則夏商之易已如是矣左氏傳所載懿氏占曰鳳皇于飛和鳴鏘鏘有嬀之後將育于姜成季之卜曰其名曰友在公之右同復于父敬如君所晉獻公驪姬之繇曰專之渝攘公之羭嫁伯姬之繇曰車說其輹火焚其旗寇張之弧姪其從姑秦伯伐晉曰

千乘三去三去之餘獲其雄狐文公納王遇黄帝戰于阪泉之兆鄢陵之戰晉侯筮曰南國蹙射其元王中厥目宋伐鄭趙鞅卜救之遇水適火史龜曰是謂沈陽可以興兵利以伐姜不利子商史墨曰盈水名子水位名位敵不可干也杜氏謂鞅姓盈宋姓子蓋言嬴與盈同也史趙曰是謂如川之滿不可游也衛莊公卜夢曰如魚竀尾衡流而方羊裔焉闔門塞竇乃自後踰此十占皆不可得其說故杜元凱云凡筮者用

周易則其象可推非此而往則臨時占者或取於象或取於氣或取於時日王相以成其占若盡附會以爻象則架虛而不經可爲通論然亦安知非連山歸藏所載乎

地名異音

郡邑之名有與本字大不同者顏師古以爲土俗各有別稱者是也姑以漢書地理志言之馮翊之櫟陽爲藥陽蓮勺爲輦酌太原之慮虒爲盧夷上黨之沾爲添河內之隆慮爲林廬蕩陰

爲湯陰潁川之不羹爲不郎南陽之酈爲櫟堵
陽爲者陽酇爲讚沛之酇爲嵯鄲爲多淸河之
鄃爲輸汝南之平輿爲平預濟陰之宛句爲冤
朐江夏之沙羨爲沙夷九江之槖皐爲拓姑盧
江之雩婁爲吁閭山陽之方與爲房豫琅邪之
不其爲不基東海之承爲證長沙之承陽爲烝
陽臨淮之取慮爲秋廬會稽之諸暨爲諸旣太
末爲闔末豫章之餘汗爲餘干廣漢之汁方爲
十方蜀郡之徙爲斯益州之味爲昧金城之允

吾爲鉛牙允街爲鉛街武威之樸劋爲蒲環張掖之番禾爲盤和安定之烏氏爲烏支上郡之龜茲爲丘慈西河之鵠澤爲梏澤代郡之狋氏爲權精遼西之且慮爲趄廬令支爲鈴祇遼東之番汗爲盤寒樂浪之黏蟬爲黏提南海之番禺爲潘隅蒼梧之荔浦爲肆浦交趾之羸𨻻爲蓮簍九眞之都龐爲都聾日南之西捲爲西權淮陽之陽夏爲陽賈魯國之蕃爲皮皆不可求之於義訓字書亦不盡載也

韓嬰詩

前漢書儒林傳敘詩云漢興申公作魯詩后蒼作齊詩韓嬰作韓詩又云申公爲詩訓故而齊轅固燕韓生皆爲之傳或取春秋采雜說咸非其本義與不得已魯最爲近之嬰爲文帝博士景帝時至常山太傅推詩人之意作外傳數萬言其語頗與齊魯閒殊然歸一也武帝時與董仲舒論於上前精悍分明仲舒不能難其後韓氏有王吉食子公長孫順之學藝文志韓家詩

經二十八卷韓故三十六卷内傳四卷外傳六卷韓詵四十一卷今惟存外傳十卷慶曆中將作監主簿李用章序之命工刊刻于杭其末又題云蒙文相公改正三千餘字予家有其書讀首卷第二章曰孔子南遊適楚至於阿谷有處子佩瑱而浣者孔子曰彼婦人其可與言矣乎抽觴以授子貢曰善爲之辭子貢曰吾將南之楚逢天暑願乞一飲以表我心婦人對曰阿谷之水流而趨海欲飲則飲何問婦人乎受子貢

觴迎流而挹之置之沙上曰禮固不親授孔子抽琴去其軫子貢往請調其音婦人曰吾五音不知安能調琴孔子抽絺綌五兩以授子貢子貢曰吾不敢以當子身敢置之水浦婦人曰子年甚少何敢受子子不早去今竊有狂夫守之著矣詩曰南有喬木不可休息漢有游女不可求思此之謂也觀此章乃謂孔子見處女而教子貢以徽詞三挑之以是說詩可乎其謬戾甚矣他亦無足言

五行衰絶字

木絶於申故柛字之訓爲木自斃水土絶於巳故汜字之訓説文以爲窮瀆圮字之訓爲岸圮及覆火衰於戌故烕字爲滅金衰於丑故鈕爲鍵閉製字之義昭矣

漢表所記事

漢書功臣表所記列侯功狀有紀傳所軼者韓信擊魏以木罌缶度軍表云祝阿侯高邑以將軍屬淮陰擊魏罌度軍史記作㼚蓋此計由邑所建

也信謀發兵襲呂后其舍人得罪信信囚欲殺
之舍人第上書變告信欲反晉灼注曰楚漢春
秋云謝公也表有滇陽侯樂說史記作欒說以
淮陰舍人告反侯蓋非謝公也須昌侯趙衍從
漢王起漢中雍軍塞渭上上計欲還衍言從他
道道通中牟侯單右車始高祖微時有急給高
祖馬故得侯郎侯黃極忠以羣盜長爲臨江將
巳而爲漢擊臨江王祁侯繒賀從擊項籍漢王
敗走賀擊楚追騎以故不得進漢王顧謂賀祁

王史記作侯顔師古曰謂之祁王蓋嘉其功故寵褒之許以爲王也他復有與傳小異者史記張良傳項梁立韓王成以良爲韓申徒徐廣云申徒即司徒語音訛轉也而漢表良以韓申都下韓師古云韓申都即韓王信也楚漢春秋作信都古信申同字按良與韓王信了不相干顔注誤矣自司徒訛爲申徒自申徒爲申都自申都爲信都展轉相傳古書豈復可以字義求也韓信歸漢爲治粟都尉表以爲票客師古曰與紀傳

參錯不同或者以其票疾而賓客禮之故云票客也史記作典客索隱以爲粟客此外又有官名非史所載者如孔聚以執盾從周竈以長鉟都尉郭蒙以戶衛宣虎以重將重將者主將領輜重也彤跖以門尉棘丘侯襄以執盾隊史郭亭以塞路塞路者主遮塞要路以備敵寇也丁禮以中涓騎爰類以慎將謂以謹慎爲將也許盎以騈隣說衛騈隣者二馬曰騈謂並兩騎爲軍翼也說讀曰稅稅衛者軍行初舍止之時主

爲衛也許瘛以趙右林將林將者將士林猶言羽林之將也淸侯以弩將留肹以客吏馮解散以代大與大與主爵祿之官也史記作太尉靳彊以郎中騎千人之類聊紀於此以示讀史者云

蕭何紿韓信

黥布爲其臣賁赫告反高祖以語蕭相國相國曰布不宜有此恐仇怨妄誣之請繫赫使人微驗淮南布遂反韓信爲人告反呂后欲召恐其

不就乃與蕭相國謀詐令人稱陳豨已破紿信曰雖病强入賀信入即被誅信之爲大將軍實蕭何所薦今其死也又出其謀故俚語有成也蕭何敗也蕭何之語何尚能救黥布而翻忍於信如此豈非以高祖出征吕后居内而急變從中起巳爲留守故不得不亟誅之非如布之事尚在疑似之域也

彭越無罪

韓信英布彭越皆以謀反誅夷信乘高祖自將

征陳豨之時，欲詐赦諸官徒，發兵襲呂后、太子，布見漢使驗問，即發兵東取荆，西擊楚，對高祖言欲爲帝，其爲反逆已明。唯越但以稱病不親詣邯鄲之故，上既赦以爲庶人，而呂后令人告越復謀反，遂及禍。三人之事，越獨爲冤。且扈輒勸越反，越不聽，有司以越不誅輒爲反形已具。然則貫高欲殺高祖，張敖不從，其事等耳，乃以爲不知狀而敖得釋，何也？欒説告信，賁赫告布，皆得封列侯，而梁大僕告越，不論賞，豈非漢朝

亦知其故耶欒布爲越大夫使於齊而越死還
奏事越頭下上召罵布欲烹之布謂越反形未
見而帝以苛細誅之上乃釋布拜爲都尉然則
高祖於用刑爲有負於越矣傷哉

蜘蛛結網

佛經云蠢動含靈皆有佛性莊子云惟蟲能蟲
惟蟲能天蓋雖昆蟲之微天機所運其善巧方
便有非人智慮技解所可及者蠶之作繭蜘蛛
之結網蜂之累房燕之營巢蟻之築垤螟蛉之

祝子之類是已雖然亦各有幸不幸存乎其間蛛之結網也布絲引經捷急上下其始爲甚難至於緯而織之轉盼可就疎密分寸未嘗不齊門檻及花梢竹間則不終日必爲人與風所敗唯閒屋垝垣人迹罕至乃可久久而享其安故燕巢幕上季子以爲至危李斯見吏舍廁中鼠食不潔近人犬數驚恐之倉中之鼠食積粟居大廡之下不見人犬之憂歎曰人之賢不肖譬如鼠矣在所自處耳豈不信哉

孫權稱至尊

陳壽三國志固多出於一時雜史然獨吳書稱孫權爲至尊方在漢建安爲將軍時已如此至於諸葛亮周瑜見之於文字間亦皆然周瑜病困與權書曰曹公在北劉備寄寓此至尊垂慮之日也魯肅破曹公還權迎之肅曰願至尊威德加乎四海呂蒙遣鄧玄之說郝普曰關羽在南郡至尊身自臨之又曰至尊遣兵相繼於道蒙謀取關羽密陳計策曰羽所以未便東向者

以至尊聖明蒙等尚存也陸遜謂蒙曰下見至尊宜好為計甘寧欲圖荊州曰劉表慮既不遠兒子又劣至尊當早規之權為張遼掩襲賀齊曰至尊人主常當持重權欲以諸葛恪典掌軍糧諸葛亮書與陸遜曰家兄年老而恪性踈糧穀軍之要最足下特為啓至尊轉之遜以白權凡此之類皆非所宜稱若以為陳壽作史虛辭則魏蜀不然也

康山讀書

杜子美贈李太白詩康山讀書處頭白好歸來説者以爲即廬山也吳曾能改齋漫録内辨誤一卷正辨正事引杜田杜詩補遺云范傳正李白新墓碑云白本宗室子厥先避仇客蜀居蜀之彰明太白生焉彰明綿州之屬邑有大小康山白讀書于大康山有讀書堂尚存其宅在清廉鄉後廢爲僧房稱隴西院蓋以太白得名院有太白像吳君以是證杜句知康山在蜀非廬山也予按當塗所刋太白集其首載新墓碑宜

歙池等州觀察使范傳正撰凡千五百餘字但云自國朝巳來編於屬籍神龍初自碎葉還廣漢因僑爲郡人初無補遺所紀七十餘言豈非好事者僞爲此書如開元遺事之類以附會杜老之詩邪歐陽忞輿地廣記云彰明有李白碑白生於此縣蓋亦傳説之誤當以范碑爲正

列國城門名

郡縣及城門名用一字者爲雅馴近古今獨姑蘇曰吳郡吳縣有盤門閶門葑門婁門齊門他

皆不然春秋時列國門名見於左氏傳者鄭最
多曰渠門純門時門將門閨門皇門鄟門墓門
又有師之梁梏柣之門周曰圉門魯曰雩門雉
門稷門萊門鹿門又有子駒之門公羊傳有爭
門吏門宋曰郕門桐門盧門曹門澤門揚門桑
林之門邾曰魚門范門衛曰閱門蓋獲之門齊
曰雍門亦有揚門鹿門稷門吳曰胥門宋垤澤
之門見孟子

緇塵素衣

陳簡齋墨梅絶句一篇云粲粲江南萬玉妃別
來幾度見春歸相逢京洛渾依舊只恨緇塵染
素衣語意皆妙絶晉陸機爲顧榮贈婦詩云京
洛多風塵素衣化爲緇齊謝元暉酬王晉安詩
云誰能久京洛緇塵染素衣正用此也

去國立後

齊高氏食邑于盧高弱以盧叛齊閭丘嬰圍之
弱曰苟使高氏有後請致邑齊人立高酀弱致
盧而出奔晉魯臧氏食邑于防臧紇得罪使來

告曰苟守先祀敢不辟邑乃立臧爲紇致防而奔齊按蒭紇二人據地要君故孔子曰臧武仲以防求後于魯雖曰不要君吾不信也然齊魯之君竟如其請不以要君之故而背之蓋當是時先王之澤未熄非若戰國務爲詐力權謀之比所謂殺人之中又有禮焉者也降及末世遂有帶甲約降既解甲即圍而殺之者不仁孰甚焉

詩詞改字

王荆公絶句云京口瓜洲一水閒鍾山秖隔數重山春風又緑江南岸明月何時照我還吳中士人家藏其草初云又到江南岸圈去到字注曰不好改爲過復圈去而改爲入旋改爲滿凡如是十許字始定爲緑黄魯直詩歸燕略無三月事高蟬正用一枝鳴用字初曰抱又改曰占曰在曰帶曰要至用字始定予聞於錢伸仲大夫如此今豫章所刻本乃作殘蟬猶占一枝鳴向巨原云元不伐家有魯直所書東坡念奴嬌

與今人歌不同者數處如浪淘盡爲浪聲沉周郎赤壁爲孫吳赤壁亂石穿空爲崩雲驚濤拍岸爲掠岸多情應笑我早生華髮爲多情應是笑我生華髮人生如夢爲如寄不知此本今何在也

姑舅爲婚

姑舅兄弟爲婚在禮法不禁而世俗不曉按刑統户婚律云父母之姑舅兩姨姊妹及姨若堂姨母之姑堂姑己之堂姨及再從姨堂外甥女

女壻姊妹並不得爲婚姻議曰父母姑舅兩姨姊妹於身無服乃是父母緦麻據身是尊故不合娶及姨又是父母大功尊若堂姨雖於父母無服亦是尊屬母之姑堂姑並是母之小功以上尊巳之堂姨及再從姨堂外甥女亦謂堂姊妹所生者女壻姊妹於身雖並無服據理不可爲婚並爲尊卑混亂人倫失序之故然則中表兄弟姊妹正是一等其於婚娶了無所妨予記政和八年知漢陽軍王大夫申明此項敕局看

詳以爲如表叔取表姪女從甥女嫁從舅之類甚爲明白徽州法司編類續降有全文今州縣官書判至有將姑舅兄弟成婚而斷離之者皆失於不能細讀律令也惟西魏文帝時禁中外及從母兄弟姊妹爲婚周武帝又詔不得娶母同姓以爲妻妾宣帝詔母族絶服外者聽婚皆偏閏之制漫附於此

容齋續筆卷第八

容齋續筆卷第九 十四則

三家七穆

春秋列國卿大夫世家之盛無越魯三家鄭七穆者魯之公族如臧氏展氏施氏子叔氏叔仲氏東門氏郈氏之類固多唯孟孫叔孫季孫實出於威公其傳序累代皆秉國政與魯相爲久長若揆之以理則威公弑兄奪國得罪於天顧使有後如此鄭靈公亡無嗣國人立穆公之子子良子良辭以公子堅長乃立堅是爲襄公襄

公將去穆氏子良爭之願與偕亡乃舍之皆爲大夫其後位卿大夫而傳世者罕駟豐印游國良故曰七穆然則諸家不逐而獲存子良之力也至其孫良霄乃先覆族而六家爲卿如故此乆不可解也

貢薛韋康

漢元帝紀贊云貢薛韋康迭爲宰相謂貢禹薛廣德韋元成康衡也四人皆握娖自好當優柔不斷之朝無所規救衡專附石顯最爲邪臣

德但有諫御樓船一事禹傳稱在位數言得失書數十上元成傳稱爲相七年守正持重不及父賢而文采過之皆不著其有過按劉向傳宏恭石顯白遣更生下獄下太傅韋元成諫大夫貢禹與廷尉雜考劾更生前爲九卿坐與蕭望之周堪謀排許史毀離親戚欲退去之而獨專權爲臣不忠幸不伏誅復蒙恩召用不悔前過而教令人言變事誣罔不道更生坐免爲庶人若以漢法論之更生死有餘罪幸元帝不殺之

耳京房傳房欲行考功法石顯及韋丞相皆不欲行然則韋貢之所以進用皆陰附恭顯而得之班史隱而不論唯於石顯傳云貢禹明經著節顯使人致意深自結納因薦禹天子歷位九卿至御史大夫正在望之死後也

兒寛張安世

漢史有當書之事本傳不載者武帝時兒寛有重罪繫按道侯韓說諫曰前吾丘壽王死陛下至今恨之今殺寛後將復大恨矣上感其言遂

貫寬復用之宣帝時張安世嘗不快上所爲不可上意上欲誅之趙充國以爲安世本持槖簪筆事孝武帝數十年見謂忠謹宜全度之安世用是得免二事不書於寬及安世傳而於劉向充國傳中見之豈非以二人之賢爲諱之邪韓說能以一言救賢臣於垂死而不於說傳書之以揚其善爲可惜也

深溝高壘

韓信伐趙趙陳餘聚兵井陘口禦之李左車說

餘曰信乘勝而去國遠鬬其鋒不可當願假奇兵從閒道絶其輜重而深溝高壘勿與戰彼前不得鬬退不得還不至十日信之頭可致麾下餘不聽一戰成擒七國反周亞夫將兵往擊會兵滎陽鄧都尉曰吳楚兵銳甚難與爭鋒願以梁委之而東北壁昌邑深溝高壘使輕兵塞其饟道以全制其極亞夫從之吳果敗亡李鄧之策一也而用與不用則異耳秦軍武安西以攻閼與趙奢救之去邯鄲三十里堅壁二十八日

不行復益增壘既乃卷甲而趨之大破秦軍奢之將略所謂玩敵於股掌之上雖未合戰而勝形已著矣前所云鄧都尉者亞夫故父絳侯客也鼂錯傳云錯已死謁者僕射鄧公爲挍尉擊吳楚爲將還上書言軍事拜爲城陽中尉鄧公者豈非鄧都尉乎亞夫傳以爲此策乃自請而後行顏師古疑其不同然以事料之必非出於已也

生之徒十有三

老子出生入死章云出生入死生之徒十有三死之徒十有三人之生動之死地十有三夫何故以其生生之厚王弼注曰十有三猶云十分有三分取其生道全生之極十分有三耳取死之道全死之極十分亦有三耳而民生生之厚更之無生之地焉其説甚淺且不解釋後一節唯蘇子由以謂生死之道以十言之三者各居其三矣豈非生死之道九而不生不死之道一而已乎老子言其九不言其一使人自得之以

寄無思無爲之妙其論可謂盡矣

臧氏二龜

臧文仲居蔡孔子以爲不智蔡者國君之守龜出蔡地因以爲名焉左傳所稱作虛器正謂此也至其孫武仲得罪于魯出奔邾使告其兄賈於鑄且致大蔡焉曰紇之罪不及不祀子以大蔡納請其可盖請爲先人立後也賈再拜受龜使弟爲爲已請遂自爲也乃立臧爲爲之子曰昭伯嘗如晉從弟會竊其寶龜僂句龜所出地名以

上爲信與僭僭吉僭不信也會如晉昭伯問內子與母弟皆不對會之意欲使昭伯疑其若有他故者歸而察之皆無之執而戮之逸奔郈及昭伯從昭公孫于齊季平子立會爲臧氏後會曰僂句不余欺也臧氏二事皆以龜故皆以弟而奪兄位亦異矣

有扈氏

夏書甘誓啓與有扈大戰于甘以其威侮五行怠棄三正天用勦絶其命爲辭孔安國傳云有

扈與夏同姓恃親而不恭其罪如此耳而淮南子齊俗訓曰有扈氏爲義而亡知義而不知宜也高誘注云有扈夏啓之庶兄也以堯舜舉賢禹獨與子故伐啓啓亡之此事不見於他書不知誘何以知之傳記散軼其必有以爲據矣莊子以爲禹攻有扈國爲虛厲非也

太公丹書

太公丹書今罕見於世黃魯直於禮書得其諸銘而書之然不著其本始子讀大戴禮武王踐

阼篇載之甚備故悉紀録以遺好古君子云武王踐阼三日召士大夫而問焉曰惡有藏之約行之行萬世可以爲子孫常者乎皆曰未得聞也然後召師尚父而問焉曰黄帝顓帝之道可得見與師尚父曰在丹書王欲聞之則齋矣王齋三日尚父端冕奉書道書之言曰敬勝怠者吉怠勝敬者滅義勝欲者從欲勝義者凶凡事不强則枉弗敬則不正枉者滅廢敬者萬世藏之約行之行可以爲子孫常者此言之謂也又

曰以仁得之以仁守之其量百世以不仁得之以仁守之其量十世以不仁得之以不仁守之必及其世王聞書之言惕若恐懼退而爲戒書於席之四端爲銘前左端曰安樂必敬前右端曰無行可悔後左端曰一反一側亦不可以忘後右端曰所監不遠視爾所代几之銘曰皇皇惟敬口口生敬口生㖃口戕口鑑之銘曰見爾前慮爾後盥盤之銘曰與其溺於人也寧溺於淵溺於淵猶可游也溺於人不可救也楹之銘

曰毋曰胡殘其禍將然毋曰胡害其禍將大毋
曰胡傷其禍將長杖之銘曰惡乎危於忿疐惡
乎失道於嗜欲惡乎相忘於富貴帶之銘曰火
滅脩容謹戒必共共則壽屨之銘曰謹之勞勞
則富觴豆之銘曰食自杖食自杖戒之憍憍則
逸戶之銘曰夫名難得而易失無勤弗志而曰
我知之乎無勤弗及而曰我杖之乎擾阻以泥
之若風將至必先搖搖雖有聖人不能爲謀也
牖之銘曰隨天之時以地之財敬祀皇天敬以

先時劒之銘曰帶之以爲服動必行德行德則興倍德則崩弓之銘曰屈申之義發之行之無忘自過矛之銘曰造矛造矛少閒弗忍終身之羞予一人所聞以戒後世子孫凡十六銘賈誼政事書所陳教太子一節千餘言皆此書保傅篇之文然及胡亥趙高之事則爲漢儒所作可知矣漢昭帝紀通保傅傳文穎注曰賈誼作在禮大戴記其此書乎荀卿議兵篇敬勝怠則吉怠勝敬則滅計勝欲則從欲勝計則凶蓋出諸

此左傳晉斐豹著於丹書謂以丹書其罪也其名偶與之同耳漢祖有册書鐵券以待功臣蓋又不同也

漢景帝

漢景帝爲人甚有可議鼂錯爲内史門東出不便更穿一門南出南出者太上皇廟堧垣也丞相申屠嘉聞錯穿宗廟垣爲奏請誅錯錯恐夜入宫上謁自歸上至朝嘉請誅錯上曰錯所穿非眞廟垣乃外堧垣且又我使爲之錯無罪臨

江王榮以皇太子廢爲王坐侵太宗廟壖地爲宫請中尉府對簿責訊王遂自殺兩者均爲侵宗廟榮以廢黜失寵至於殺之錯方貴幸故略不問罪其不公不慈如此及用袁盎一言錯即夷族其寡恩忍殺復如此

蕭何先見

韓信從項梁居戲下無所知名又屬羽數以策干羽羽弗用乃亡歸漢陳平事項羽羽使擊降河内已而漢攻下之羽怒將誅定河内者平懼

誅乃降漢信與平周能擇所從然不若蕭何之

先見何為泗水卒史事第一秦御史欲入言召

何何固請得毋行則當秦之未亡已知其不能

久矣不待獻策弗用及懼罪且誅然後去之也

史漢書法

史記前漢所書高祖諸將戰功各為一體周勃

傳攻開封先至城下為多攻好時最擊咸陽最

攻曲遇最破臧荼所將卒當馳道為多擊胡騎

平城下所將卒當馳道為多夏侯嬰傳破李由

軍以兵車趣攻戰疾從擊章邯以兵車趣攻戰疾擊秦軍雒陽東以兵車趣攻戰疾灌嬰傳破秦軍於杠里疾鬭攻曲遇戰疾力戰於藍田疾力擊項佗軍疾戰又書擊項冠於魯下所將卒斬司馬騎將各一人擊破王武軍所將卒斬樓煩將五人擊武別將所將卒斬都尉一人擊齊軍於歷下所將卒虜將軍將吏四十六人擊田横所將卒斬騎將一人從韓信卒斬龍且所將之卒身生得周蘭破薛郡身虜騎將擊項籍陳下所

將卒斬樓煩將二人追至東城所將卒共斬籍
擊胡騎晉陽下所將卒斬白題將一人攻陳豨
卒斬特將五人破縣布身生得左司馬一人所
將卒斬小將十人傳寬傳屬淮陰擊破歷下軍
屬相國參殘博屬太尉勃擊陳豨酈商傳與鍾
離眛戰受梁相國印定上谷受趙相國印五人
之傳書法不同如此灌嬰事尤爲複重然讀之
了不覺細瑣史筆超拔高古范曄以下豈能窺
其籬奧哉又史記灌嬰傳書受詔別擊楚軍後

受詔將郎中騎兵受詔將車騎別追項籍受詔別降樓煩以北六縣受詔并將燕趙車騎受詔別攻陳豨凡六書受詔字漢減其三云

薄昭田蚡

周勃爲人告欲反下廷尉逮捕吏稍侵辱之初勃以誅諸吕功益封賜金盡以予太后弟薄昭及繫急昭爲言太后后以語文帝迺得釋王恢坐爲將軍不出擊匈奴單于輜重下廷尉當斬恢行千金於丞相田蚡蚡不敢言上而言於太

后后以蚡言告上上竟誅㤞蚡者王太后同母弟也漢世母后豫聞政事故昭蚡憑之以招權納賄其史所不書者當非一事也神宗熙寧七年天下大旱帝對朝嗟歎欲盡罷法度之不善者王安石怫然爭之帝曰比兩宮泣下憂京師亂起以爲更失人心安石曰兩宮有言乃向經曹佾所爲耳是時安石力行新法以爲民害向經曹佾能獻忠於母后可謂賢戚里矣而安石沮之使遇薄昭田蚡當如何哉高遵裕坐西

征失律抵罪宣仁聖烈后臨朝宰相蔡確乞復其官后曰遵裕靈武之役塗炭百萬得免刑誅幸矣吾何敢顧私恩而違天下公議其聖如此雖有昭蚡百輩何所容其姦乎

文字結尾

老子道經孔德之容一章其末云吾何以知衆甫之然哉以此蓋用二字結之左傳叔孫武叔使郈馬正侯犯殺郈宰公若藐弗能其圉人曰吾以劒過朝公若必曰誰之劒也吾稱子以告

必觀之吾僞固而授之末則可殺也使如之孟
子載齊人一妻一妾而處室者其良人出必厭
酒肉而後反問所與飲食者則盡富貴也妻瞯
其所之乃之東郭墦閒之祭者乞其餘歸告其
妾曰良人者所仰望而終身也今若此此二事
反復數十百語而但以使如之及今若此各三
字結之史記封禪書載武帝用方士言神祠長
陵神君李少君謬忌少翁游水發根欒大公孫
卿史寬舒丁公王朔公玉帶越人勇之之屬所

言祠竈化丹沙求蓬萊安期生立太一壇作甘泉宮臺室栢梁仙人掌壽宮神君闘棊小方泰帝神鼎雲陽美光緱氏城僊人跡太室呼萬歲老父牽狗白雲起封中德星出越祠雞卜通天臺明堂昆侖建章宮五城十二樓凡數十事三千言而其末云然其效可睹矣則武帝所興爲者皆墮誕罔中不待一二論說也文字結尾之簡妙至此

　國初古文

歐陽公書韓文後云予少家漢東有大姓李氏者其子堯輔頗好學予游其家見其敝筐貯故書在壁閒發而視之得唐昌黎先生文集六卷脫落顛倒無次序因乞以歸讀之是時天下未有道韓文者予亦方舉進士以禮部詩賦爲事後官于洛陽而尹師魯之徒皆在遂相與作爲古文因出所藏昌黎集而補綴之其後天下學者亦漸趨於古韓文遂行于世又作蘇子美集序云子美之齒少於予而予學古文反在其後

天聖之間學者務以言語聲偶擿裂以相誇尚
子美獨與其兄才翁及穆參軍伯長作爲古歌
詩雜文時人頗共非笑之而子美不顧也其後
學者稍趨於古獨子美爲於舉世不爲之時可
謂特立之士也柳子厚集有穆脩所作後敘云
予少嗜觀韓柳二家之文柳不全見於世韓則
雖目其全至所缺墜亡字失句獨於集家爲甚
凡用力二紀文始幾定時天聖九年也予讀張
景集中柳開行狀云公少誦經籍天水趙生老

儒也持韓愈文僅百篇授公曰質而不麗意若難曉子詳之何如公一覽不能捨歎曰唐有斯文哉因爲文章直以韓爲宗尚時韓之道獨行於公遂名肩愈字紹先韓之道大行於今自公始也又云公生於晉末長於宋初扶百世之大教續韓孟而助周孔兵部侍郎王祜得公書曰子之文出於今世眞古之文章也兵部尚書楊昭儉曰子之文章世無如者已二百年矣開以開寶六年登進士第景作行狀時咸平三年開

序韓文云予讀先生之文自年十七至于今凡七年然則在國初開已得昌黎集而作古文去穆伯長時數十年矣蘇歐陽更由其後而歐陽畧不及之乃以爲天下未有道韓文者何也范文正公作尹師魯集序亦云五代文體薄弱皇朝柳仲塗起而麾之洎楊大年專事藻飾謂古道不適於用廢而弗學者乆之師魯與穆伯長力爲古文歐陽永叔從而振之由是天下之文一變而古其論最爲至當

容齋續筆卷第九

容齋續筆卷第十　十七則

經傳煩簡

左傳蔡聲子謂楚子木曰善爲國者賞不僭而刑不濫賞僭則懼及淫人刑濫則懼及善人若不幸而過寧僭無濫與其失善寧其利淫其語本於大禹謨罪疑惟輕功疑惟重與其殺不辜寧失不經也晉叔向詒鄭子產書曰先王議事以制誨之以忠聳之以行教之以務使之以和臨之以敬涖之以彊斷之以剛猶求聖哲之上

明察之官忠信之長慈惠之師其語本於呂刑惟良折獄哲人惟刑也吉意則同而經傳煩簡爲不侔矣

曹參不薦士

曹參代蕭何爲漢相國日夜飲酒不事事自云高皇帝與何定天下法令既明遵而勿失不亦可乎是則然矣然以其時考之承暴秦之後高帝創業尚淺日不暇給豈無一事可關心者哉其初相齊聞膠西蓋公善治黃老言使人厚幣

請之蓋公爲言治道貴清淨而民自定參於是
避正堂以舍之其治要用黃老術故相齊九年
齊國安集然入相漢時未嘗引蓋公爲助也齊
處士東郭先生梁石君隱居深山蒯徹爲參客
或謂徹曰先生之於曹相國拾遺舉過顯賢進
能二人者世俗所不及何不進之於相國乎徹
以告參參皆以爲上賓徹善齊人安其生嘗干
項羽羽不能用其策羽欲封此兩人兩人卒不
受凡此數賢參皆不之用若非史策失其傳則

參不薦士之過多矣

漢初諸將官

漢初諸將所領官多爲丞相如韓信初拜大將軍後爲左丞相擊魏又拜相國擊齊周勃以將軍遷太尉後以相國代樊噲擊燕樊噲以將軍攻韓王信遷爲左丞相以相國擊燕酈商爲將軍以右丞相擊陳豨以丞相擊黥布尹恢以右丞相備守淮陽陳涓以丞相定齊地然百官公卿表皆不載蓋蕭何已居相位諸人者未嘗在

朝廷特使假其名以爲重耳後世使相之官本諸此也

漢官名

漢官名旣古雅故書於史者皆可誦味如朝臣齗齗不可光禄勳誰可以爲御史大夫者御史大夫言可聽郎中令善媿人丞相議不可用太尉不足與計大將軍尊貴誠重大將軍有揖客京兆尹可立得大夫乘私車來邪天官丞日晏不來謝田大夫曉大司農大司馬欲用是忿恨

後將軍數畫軍冊光禄大夫大中大夫大夫耆艾二人以老病罷駙馬都尉安所受此語之類又如所書路中大夫韓御史大夫叔孫太傅鄭尚書鮑司隸趙將軍張廷尉亦煒然有法後漢書執金吾擊鄧大司馬富擊宛大司馬胥用步騎等語尚有前史餘味。

漢唐輔相

前漢宰相四十五人，自蕭曹魏丙之外，如陳平王陵周勃灌嬰張蒼申屠嘉以高帝故臣陶青

劉舍許昌薛澤莊青翟趙周以功臣侯子孫竇
嬰田蚡公孫賀劉屈氂以宗戚衛綰李蔡以士
伍唯王陵申屠嘉及周亞夫王商王嘉有剛直
之節薛宣翟方進有材其餘皆容身保位無所
建明至於御史大夫名爲亞相尤録録不足數
劉向所謂御史大夫未有如兒寬者蓋以餘人
可稱者少也若唐宰相三百餘人自房杜姚宋
之外如魏謩王珪褚遂良狄仁傑魏元忠韓休
張九齡楊綰崔祐甫陸贄杜黃裳裴垍李絳李

藩裴度崔羣韋處厚李德裕鄭畋皆爲一時名宰考其行事非漢諸人可比也

漢武留意郡守

漢武帝天資高明政自已出故輔相之任不甚擇使若但使之奉行文書而已其於除用郡守尤所留意莊助爲會稽太守數年不聞問賜書曰君厭承明之廬懷故土出爲郡吏閒者闊焉久不聞問吾丘壽王爲東郡都尉上以壽王爲都尉不復置太守詔賜璽書曰子在朕前之時

知略輻湊及至連十餘城之守任四千石之重職事並廢盜賊從横甚不稱在前時何也汲黯拜淮陽太守不受印綬上曰君薄淮陽邪吾今召君矣顧淮陽吏民不相得吾徒得君重卧而治之觀此三者則知郡國之事無細大未甞不深知之爲長吏者常若親臨其上又安有不盡力者乎惜其爲征伐奢侈所移使民閒不見德澤爲可恨耳

苦蕒菜

吳歸命侯天紀三年八月有鬼目菜生工人黃
耈家有蕒菜生工人吳平家高四尺厚三分如
枇杷形上廣尺八寸下莖廣五寸兩邊生葉綠
色東觀按圖名鬼目作芝草蕒菜作平慮草以
耈爲侍芝郎平爲平慮郎皆銀印青綬唐五行
志中宗景龍二年岐州郿縣民王上賓家有苦
蕒菜高三尺餘上廣尺餘厚二分說者以爲草
妖予按蕒菜即苦蕒今俗呼爲苦蕒者是也天
紀景龍之事甚相類歸命次年亡國中宗後二

年遇害雖事非此致亦可謂妖矣平慮草不知何狀揚雄甘泉賦并閭注如淳曰并閭其葉隨時改政平則平政不平則傾也顏師古曰如氏所說自是平慮耳然則亦異草也鬼目見爾雅郭璞云今江東有鬼目草莖似葛葉圓而毛如耳璫也赤色叢生廣志曰鬼目似梅南人以飲酒南方草木狀曰鬼目樹大者如木子小者如鴨子七月八月熟色黃味酸以蜜煮之滋味柔嘉交阯諸郡有之交州記曰高大如木瓜而小

傾邪不周正本草曰鬼目一名東方宿一名連蟲陸名羊蹏

唐諸生束脩

唐六典國子生初入置束帛一篚酒一壺脩一案爲束脩之禮太學四門律學書學筭學皆如國子之法其習經有暇者命習隸書并國語說文字林三蒼爾雅每旬前一日則試其所習業乃知唐世士人多攻書蓋在六館時以爲常習其說文字林蒼雅諸書亦欲責以結字合於古

義不特銓選之時方取楷法遒美者也束脩之禮乃於此見之開元禮載皇子束脩束帛一篚五匹酒一壺二斗脩一案三脡皇子服學生之服至學門外陳三物於西南少進曰某方受業於先生敢請見執篚者以篚授皇子皇子跪奠篚再拜博士答再拜皇子還避遂進跪取篚博士受幣皇子拜訖乃出其儀如此州縣學生亦然

范德孺帖

范德孺有一帖云純粹忝冒固多尤是家兄北歸遂解倒懸之念慶快安幸此外何求四月末雇舟離均借人至鄧本待家兄之來今家兄雖得歸潁昌而尚未聞來耗已累遣人禀問所行路及相見之期人尚未還未知果能如約否盖恐太原接人非久到此法留半月則須北去也予以其時考之元符三年四月德孺除知太原是月二十一日忠宣公自鄧州分司復故秩許歸潁昌府則此帖當在五月間忠宣猶未離永

州也德孺自均州守擢帥河東至於雍州借人以行又云接人法留半月過此則須北去雖欲待其兄亦不可得令世爲長吏雖居蕞爾小壘而欲送還兵士唯意所須若接人之來視其私計辦否爲遲速耳未嘗顧法令以自徼策使申固要束稍整攝之置士大夫於無過之地亦所以善風俗也

民不畏死

老子曰民常不畏死柰何以死懼之若使人常

畏死則爲奇者吾得執而殺之孰敢讀者至此多以爲老氏好殺夫老氏豈好殺者哉旨意葢以戒時君世主視民爲至愚至賤輕盡其命若刈草菅使之知民情狀人人能與我爲敵國懔乎常有朽索馭六馬之懼故繼之曰常有司殺者殺夫代司殺者殺是代大匠斲夫代大匠斲希有不傷其手矣下篇又曰人之輕死以其生生之厚是以輕死且人情莫不欲壽雖衰貧至骨瀕於餓隸其與受僇而死有閒矣烏有不畏

者哉自古以來時運衰擾至於空天下而爲盜賊及夷考其故亂之始生民未嘗有不靖之心也秦漢隋唐之末土崩魚爛比屋可誅然凶暴如王仙芝黄巢不過僥覬一官而已使君相御之得其道豈復有滔天之患哉龔遂之清渤海馮異之定關中高仁厚之平蜀盜王先成之説王宗侃民情可見世之君子能深味老氏之訓思過半矣

天下有奇士

天下未嘗無魁奇智略之士當亂離之際雖一
旅之聚數城之地必有策策知名者出其閒史
傳所書尚可考也鄭蜀之武弦高從容立計以
存其國後世至不可勝紀在唐尤多姑撫其小
小者數人載于此武德初北海賊帥綦公順攻
郡城爲郡兵所敗後得劉蘭成以爲謀主才用
數十百人出奇再奮北海即降海州臧君相帥
衆五萬來爭蘭成以敢死士二十人夜襲之掃
空其衆徐圓朗據海岱或説之曰有劉世徹者

才略不世出名高東夏若迎而奉之天下指揮
可定圓朗使迎之世徹至已有衆數千圓朗使
徇譙杞東人素聞其名所向皆下裘甫亂浙東
朝廷遣王式往討其黨劉暀勸甫引兵取越憑
城郭據府庫循浙江築壘以拒之得閒則長驅
進取浙西過大江掠揚州還修石頭城而守之
宣歙江西必有響應者別以萬人循海而南襲
取福建則國家貢賦之地盡入于我矣甫不能
用高駢之將畢師鐸攻駢乞師於宣州秦彥彥

兵至遂下揚州師鐸遣使趣彥過江將奉以爲
主或説之曰僕射順衆心爲一方去害宜復奉
高公而佐之總其兵權誰敢不服且秦司空爲
節度使廬州壽州其肯爲之下乎切恐功名成
敗未可知也不若亟止秦司空勿使過江彼若
粗識安危必未敢輕進就使他日責我以負約
猶不失爲高氏忠臣也師鐸不以爲然明日以
告鄭漢章漢章曰此智士也求之弗獲王建鎮
成都攻楊晟於彭州久不下民皆竄匿山谷諸

寨日出抄掠之王先成往説其將王宗侃曰民入山谷以俟招安今乃從而掠之與盜賊無異且出淘虜薄暮乃返曾無守備之意萬一城中有智者爲之畫策使乘虛奔突先伏精兵於門内望淘虜者稍遠出弓弩手礮各百人攻寨之一面又於三面各出耀兵諸寨咸自備禦無暇相救如此能無敗乎宗侃矍然先成爲條列七事爲狀以白王建建即施行之榜至三日山中之民競出如歸市浸還故業觀此五者則其他

姓名不傳與草木俱腐者蓋不可勝計矣

易卦四德

易元亨利貞謂之四德唯乾坤爲能盡之若屯隨二卦但大亨貞臨无妄革三卦皆大亨以正而已有亨利貞者十一蒙同人離咸兑恒遯萃渙小過既濟也元亨利者一蠱也利貞者八大畜大壯明夷家人中孚蹇損漸也亨貞者三需困旅也元亨者三大有升鼎也亨利者五賁復大過巽噬嗑也亨者九小畜履泰謙節坎震豐

未濟也利者五訟豫解益夬也貞者四師比否頤也唯八卦皆無之觀剥晉睽姤歸妹井艮也若以卦象索之如剥睽姤猶可强爲之辭他則不復容擬議矣

孫堅起兵

董卓盜國柄天下共與義兵討之惟孫堅以長沙太守先至爲卓所憚獨爲有功故裴松之謂其最有忠烈之稱然長沙爲荆州屬部受督於刺史王叡叡先與堅共擊零桂賊以堅武官言

頗輕之及叡舉兵欲討卓堅乃承案行使者詐檄殺之以償曩忿南陽太守張咨鄰郡二千石也以軍資不具之故又收斬之是以區區一郡將乘一時兵威輒害方伯鄰守豈得為勤王乎劉表在荊州乃心王室袁術志於逆亂堅乃奉其命而攻之自速其死皆可議也

孫權封兄策

孫權即帝位追尊兄策為長沙王封其子為吳侯按孫氏奄有江漢皆策之功權特承之耳而

報之之禮不相宜稱故陳壽評云割據江東策之基兆也而權尊崇未至子止侯爵於義儉矣而孫盛乃云權遠思盈虛之數正本定名防微於未兆可謂爲之于未有治之于未亂其說迂謬如此漢室中興出於伯升光武感其功業之不終建武二年首封其二子爲王而帝子之封乃在一年之後司馬昭繼兄師秉魏政以次子攸爲師後常云天下者景王之天下欲以大業歸攸以孫權視之不可同日論也

踰年改元

自漢武帝建元紀年之後嗣君紹統必踰年乃改元雖安帝繼殤帝亦終延平而爲永初威帝繼質帝亦終本初而爲建和唐宣宗以叔繼姪亦終會昌六年而改大中獨本朝太祖以開寶九年十月二十日上仙太宗嗣位是年十二月二十二日改爲太平興國元年去新歲纔八日耳意當時星辰曆象考卜兆祥必有其說而國史傳記皆失傳竊計嶺蜀之遠制書到時已是

二年之春是時宰相薛居正沈倫盧多遜失於
不考引故實致行之弗審使人君即位而無元
年尤爲不可也若唐順宗以正元二十一年正
月嗣位至八月辛丑改元永正蓋已稱太上皇
嫌於獨無紀年故亟更之耳劉禪孫亮石宏苻
生李璟未踰年而改此不足責晉惠帝改武帝
太熈爲永熈而以爲欲長奉先皇之制亦非也
唐中宗仍武后神龍梁末帝追承太祖乾化孟
昶仍父知祥明德漢劉知遠追用晉天福隱帝

仍父乾祐周世宗仍太祖顯德皆非禮之正無
足議者唐哀帝仍昭宗天祐蓋畏朱温而不敢
云

賊臣遷都

自漢以來賊臣竊國命將欲移鼎必先遷都以
自便董卓以山東兵起謀徙都長安驅民數百
萬口更相蹈藉悉燒宮廟官府居家二百里內
無復雞犬高歡自洛陽遷魏於鄴四十萬戶狼
狽就道朱全忠自長安遷唐於洛驅徙士民毀

宫室百司及民閒廬舍長安自是丘墟卓不旋踵而死曹操迎天子都許卒覆劉氏魏唐之祚竟爲高朱所傾凶盗設心積慮由來一揆也

輿地道里誤

古今輿地圖志所記某州至某州若干里多有差誤偶閱元祐九域志姑以吾鄉饒州證之饒西至洪州三百八十里而志云西至州界一百七十里自界首至洪五百六十八里於洪州書至饒又衍二十里是爲七百六十里也饒至信

州三百七十里而志云東南至本州界二百九十里自界首至信州三百五十里是爲六百四十里也饒至池州四百八十里而志云北至州界一百九十里自界首至池州三百八十里是爲五百七十里也唐賈耽皇華四達記所紀中都至外國尤爲詳備其書虔州西南一百十里至潭口驛又百里至南康縣然今虔至潭口纔四十里又五十里即至南康比之所載不及半也以所經行處驗之知其他不然者多矣

卷終

容齋續筆卷第十一　十五則

古錞于

周禮鼓人掌教六鼓四金之音聲以節聲樂四金者錞鐲鐃鐸也以金錞和鼓鄭氏注云錞錞于也圜如碓頭大上小下樂作鳴之與鼓相和賈公彥疏云錞于之名出於漢之大予樂官南齊始興王鑑爲益州刺史廣漢什邡民段祚以錞于獻鑑古禮器也高三尺六寸六分圍二尺四寸圓如筩銅色黑如漆甚薄上有銅馬以繩

縣馬令去地尺餘灌之以水又以器盛水於下以芒莖當心跪注錞于以手振芒則其聲如雷清響良乆乃絶古所以節樂也周斛斯徵精三禮爲太常卿自魏孝武西遷雅樂廢缺樂有錞于者近代絶無此器或有自蜀得之皆莫之識徵曰此錞于也衆弗之信遂依干寳周禮注以芒筒捋之其聲極振乃取以合樂焉宣和博古圖説云其製中虚椎首而殺其下王黼亦引段祚所獻爲證云今樂府金錞就擊於地灌水之

制不復考矣是時有虎龍錞一山紋錞一圜花
錞一縶馬錞一龜魚錞一魚錞二鳳錞一虎錞
七其最大者重五十一斤小者七斤淳熙十四
年澧州慈利縣周赧王墓旁五里山摧蓋古冢
也其中藏器物甚多予甥余玠宰是邑得一錞
高一尺三寸上徑長九寸五分闊八寸下口長
徑五寸八分闊五寸虎鈕高一寸二分闊寸一
分并尾長五寸五分重十三斤紹熙三年予仲
子篌書峽州判官於長楊縣又得其一甚大高

二尺上徑長一尺六分闊一尺四寸二分下口長徑九寸五分闊八寸虎鈕高二寸五分足闊三寸四分并尾長一尺重三十五斤皆虎錞也予家蓄古彝器百種此遂爲之冠小錞無損缺扣之其聲清越以長大者破處五寸許聲不能渾全然亦可考擊也後復得一枚與大者無小異自峽來寘諸篛籠中取者不謹斷其鈕匠以藥銲而栅之遂兩兩相對若三禮圖景祐大樂圖所畫形製皆非東坡志林記始興王鑑一節

云記者能道其尺寸之詳如此而拙於遣詞使古器形制不可復得其髣髴甚可恨也正爲此云

孫玉汝

韓莊敏公縝字玉汝蓋取君子以玉比德縝密以栗及王欲玉汝之義前人未嘗用最爲古雅按唐登科記會昌四年及第進士有孫玉汝李景讓爲御史大夫劾罷侍御史孫玉汝會稽大慶寺碑咸通十一年所立云衢州刺史孫玉汝

記縈王宗綽書目有南北史選練十八卷云孫王汝撰蓋其人也

唐人避諱

唐人避家諱甚嚴固有出於禮律之外者李賀應進士舉忌之者斥其父名晉肅以晉與進字同音賀遂不敢試韓文公作諱辯論之至切不能解衆惑也舊唐史至謂韓公此文爲文章之紕繆者則一時横議可知矣杜子美有送李二十九第晉肅入蜀詩蓋其人云裴德融諱皐高

鍇以禮部侍郎典貢舉德融入試鍇曰伊諱阜向某下就試與及第困一生事後除屯田員外郎與同除郎官一人同參右丞盧簡求到宅盧先屈前一人入前人啓云某與新除屯田裴員外同祗候盧使驅使官傳語曰員外是何人下及第偶有事不得奉見裴蒼遽出門去觀此事尤爲乖剌鍇簡求皆當世名流而所見如此語林載崔殷夢知舉吏部尚書歸仁晦託第仁澤殷夢唯唯而已無何仁晦復請託之至於三四

般蒙斂色端笏曰某見進表讓此官矣仁晦始
悟巳姓般蒙諱也按宰相世系表其父名龜從
此又與高相類且父名晉肅子不得舉進士父
名阜子不得於主司姓高下登科父名龜從子
不列姓歸人於科籍揆之禮律果安在哉後唐
天成初盧文紀爲工部尚書新除郎中于鄴公
參文紀以父名嗣業與同音竟不見鄴憂畏太
過一夕雉經于室文紀坐謫石州司馬此又可
怪也

高鍇取士

高鍇爲禮部侍郎知貢舉閱三歲頗得才實始歲取四十人才益少詔減十人猶不能滿此新唐書所載也按登科記開成元年中書門下奏進士元額二十五人請加至四十人奉勅依奏是年及二年三年鍇在禮部每舉所放各四十人至四年始令每年放三十人爲定則唐書所云誤矣摭言載鍇第一牓裴思謙以仇士良關節取狀頭鍇庭譴之思謙回顧厲聲曰明年打

眷取狀頭第二年鍇知舉誡門下不得受書題思謙自携士良一緘入貢院既而易紫衣趨至堦下白曰軍容有狀薦裴思謙秀才鍇接之書中與求巍峩鍇曰狀元已有人此外可副軍容意旨思謙曰卑吏奉軍容處分裴秀才非狀元請侍郎不放鍇俛首良久曰然則略要見裴學士思謙曰卑吏便是也鍇不得已遂從之思謙及第後宿平康里賦詩云銀缸斜背解明璫小語低聲賀玉郎從此不知蘭麝貴夜來新惹桂

枝杳然則思謙亦踈俊不羈之士耳銷徇凶璫之意以爲舉首史謂頗得才實恐未盡然先是大和三年銷爲考功員外郎取士有不當監察御史姚中立奏停考功别頭試六年侍郎賈餗又奏復之事見選舉志

兵部名存

唐因隋制尚書置六曹吏部兵部分掌銓選文屬吏部武屬兵部自三品以上官冊授五品以上制授六品以下勑授皆委尚書省奏擬兩部

各列三銓曰尚書銓尚書主之曰東銓曰西銓
侍郎二人主之吏居左兵居右是爲前行故兵
部班級在户刑禮之上睿宗初政以宋璟爲吏
部尚書李乂盧從愿爲侍郎姚元之爲兵部尚
書陸象先盧懷謹爲侍郎六人皆名臣二選稱
治其後用人不能悉得賢然兵部爲甚其變而
爲三班流外銓不知自何時元豐官制行一切
更改凡選事無論文武悉以付吏部蘇東坡當
元祐中拜兵書謝表云恭惟先帝復六卿之名

本欲後人識三代之舊古今殊制閑劇異宜武選隸於天官兵政揔於樞輔故司馬之職獨省文書蓋紀其實也今本曹所掌惟諸州廂軍名籍及每大禮則書寫蕃官加恩告雖有所轄司局如金吾街仗司騏驥車輅象院法物庫儀鸞司不過每季郎官一往耳名存實亡一至於是

武官名不正

文官郎大夫武官將軍校尉自秦漢以來有之至於階秩品著則由晉魏至唐始定唐文散階

二十九自開府特進之下爲大夫者十一爲郎者十六武散階四十五爲將軍者十二爲挍尉者十六此外懷化歸德大將軍訖于司戈執戟皆以待蕃戎之君長臣僕本朝因之元豐正官制廢文散階而易舊省部寺監名稱爲郎大夫曰寄祿官政和中改選人七階亦爲郎欲以將軍挍尉易橫行以下諸使至三班借職而西班用事者嫌其塗轍太殊亦請改爲郎大夫於是以卒伍廝圉玷汙此名又以節度使至刺史專

爲武臣正任且郎大夫漢以處名流觀察使在唐爲方伯刺史在漢爲監司在唐爲郡守豈介胄恩倖所得處哉此其名尤不正者也

名將晚謬

自古威名之將立蓋世之勳而晚謬不克終者多失於恃功矜能而輕敵也關羽手殺袁紹二將顔良文醜於萬衆之中及攻曹仁於樊于禁等七軍皆没羽威震華夏曹操議徙許都以避其鋭其功名盛矣而不悟吕蒙陸遜之詐竟墮

孫權討中父子成禽以敗大事西魏王思政鎮守玉壁高歡連營四十里攻圍之饑凍而退及思政徙荆州舉韋孝寬代巳歡舉山東之衆來攻凡五十日復以敗歸皆思政功也其後欲以長社爲行臺治所致書於崔猷猷曰襄城控帶京洛當今要地如其動靜易相應接潁川鄰寇境又無山川之固莫若頓兵襄城而遣良將守潁川則表裏俱固人心易安縱有不虞豈足爲患宇文泰令依猷策思政固請且約賊水攻朞

年陸攻三年之内朝廷不煩赴救已而陷於高澄身爲俘虜慕容紹宗挫敗侯景一時將帥皆莫及而攻圍潁川不知進退赴水而死吳明徹當陳國衰削之餘北伐高齊將略人才公卿以爲舉首師之所至前無堅城數月之間盡復江北之地然其後攻周彭城爲王軌所困欲遏歸路蕭摩訶請擊之明徹不聽曰搴旗陷陣將軍事也長筭遠略老夫事也一旬之間水路遂斷摩訶又請潛軍突圍復不許遂爲周人所執將

士三萬皆沒焉此四人之過如出一轍

唐帝稱太上皇

唐諸帝稱太上皇者高祖睿宗明皇順宗凡四君順宗以病廢之故不能臨政高祖以秦王殺建成元吉明皇幸蜀爲太子所奪唯睿宗上畏天戒發於誠心爲史冊所表然以事考之睿宗以先天元年八月傳位於皇太子猶五日一受朝三品以上除授及大刑政皆自決之故皇帝之子嗣直嗣謙嗣昇封王皆以上皇誥而出命

又遣皇帝巡邊二年七月甲子太平公主誅明日乙丑即歸政然則猶有不獲已也若夫與堯舜合其德則我高宗皇帝至尊壽皇聖帝爲然

　楊倞注荀子

唐楊倞注荀子乃元和十三年然臣道篇所引書曰從命而不拂微諫而不倦爲上則明爲下則遜注以爲伊訓篇今元無此語致士篇所引曰義刑義殺勿庸以即汝惟曰未有順事注以爲康誥而不言其有不同者

昭宗相朱朴

唐昭宗出幸華州方強藩悍鎮遠近爲梗思得特起奇士任之以成中興之業水部郎中何迎表薦國子博士朱朴才如謝安朴所善方士許巖士得幸出入禁中亦言朴有經濟才上連日召對朴有口辯上悅之曰朕雖非太宗得卿如魏證矣上憤天下之亂朴自言得爲宰相月餘可致太平遂拜爲相制出中外大驚唐制詔有制詞學士韓儀所撰曰夢傳巖而得眞相則商

道中興獵渭濱而載獻臣則周朝致理朕自逢多難渴竚英賢暗禱鬼神明祈日月果得哲輔契予勤求朱朴學業優深識用精敏久徊翔而不振彌正吉以自多朕知其才遂召與語理亂立分於言下聞所未聞兵農皆在於術中得所未得不覺前席爲之改容須委化權用昌衰運自我拔奇寧拘品秩百度羣倫俟爾康濟其美如此儀者偓之兄所謂暗禱鬼神明祈日月之語必當時所擬旨意也朴爲相纔半年而罷後

貶柳州司戶參軍制云不爲自審之謀苟竊相援之力實因姦幸潛致顯榮亦謂術可弭兵學能活國冒半歲容身之資無一朝輔政之功唯辱中台頗興羣論嗚呼昭宗當王室艱危之際無知人之明拔朴於庶僚中位諸公褒以今觀之適足詒後人譏笑新史贊謂押豚臑而拒貙牙趣亡而已悲夫

楊國忠諸使

楊國忠爲度支郎領十五餘使至宰相凡領四

十餘使第署一字不能盡胥吏因是恣爲姦欺新舊唐史皆不詳載其職按其拜相制前銜云御史大夫判度支權知太府卿事兼蜀郡長史劒南節度支度營田等副大使本道兼山南西道采訪處置使兩京太府司農出納監倉祠祭木炭宫市長春九成宫等使關内道及京畿采訪處置使拜右相兼吏部尚書集賢殿崇文館學士脩國史太清太微宫使自餘所領又有管當租庸鑄錢等使以是觀之槩可見矣宫市之

事咸謂起於德宗正元不知天寶中已有此名

且用宰臣充使也韓文公作順宗實録但云舊

事宮中有要市外物令官吏主之與人爲市隨

給其直正元末以宦者爲使亦不及天寶時已

有之也

祖宗朝宰輔

祖宗朝宰輔名爲禮絶百僚雖樞密副使亦在

太師一品之上然至其罷免歸班則與庶位等

李崇矩自樞密使罷爲鎮國軍節度使旋改左

衛大將軍遂爲廣南西道都巡撿使未幾遣使齎詔徙海南四州都巡撿使皆非降黜在南累年入判金吾街仗司而卒猶贈太尉趙安仁嘗參知政事而判登聞鼓院張鐸嘗知樞密院而監諸司庫務曽孝寬以簽書樞密服闋而判司農寺張宏李惟淸皆自見任樞密副使徙御史中丞其他以前執政而爲三司使中丞者數人官制既行猶多除六曹尚書自崇寧以來乃始不然

百官避宰相

劉器之以待制爲樞密都承旨道遇執政出尚書省相從歸府第劉去席帽凉衫斂馬遣人傳語相揖而過左相呂汲公歸呼門下省法吏問從官道逢宰相如何吏撿條但有尚書省官避令僕兩省官各避其官長而無兩制避宰相之法汲公乃止而心甚不樂劉以此語人以爲有所據然以事體揆之侍從不避宰相恐爲不然亦無所謂只避官長法劉公蓋飾詭耳按天聖

編勑諸文武官與宰相相遇於路皆退避見樞
密使副參知政事避路同宰相其文甚明不應
元祐時不行用也

百官見宰相

天聖編勑載文武百官見宰相儀文明殿學士
至龍圖閣直學士列班於都堂階上堂吏贊云
請不拜班首前致詞訖退歸位列拜宰相答拜
兩省官相次同學士之儀上將軍大將軍將軍
御史臺官及南班文武百僚序班於中書門外

應節度使至刺史並綴本班中丞揖訖入宰相
降階南向立於位乃稱班文東武西並北上臺
官南行北向東上贊云百寮拜宰相答拜訖退
內客省使至閤門使見宰相樞密使並階上列
行拜不答拜見參知政事樞密副使宣徽使客
禮展拜皇城使以下諸司使橫行副使見宰相
樞密使並階上連姓稱職展拜不答拜見參政
副樞並列行拜若諸司副使閤門祗候見參樞
亦不答拜國朝上下等威其嚴如此已而浸廢

文潞公富韓公至和中自外鎮拜相詔百官班迎於門言者乃謂隆之以虚禮元豐定官制王禹玉蔡持正爲僕射上月始用此禮其後復不行乾道初魏仲昌以樞密吏寅緣得副承旨每謁公府與侍從同席升車而去葉子昂爲相獨抑之使與卿監旅進送之于右序不索馬及王抃以國信所典儀吏爲都承旨且正任觀察使禮遂均從官矣

東坡自引所爲文

東坡爲文潞公作德威堂銘云元祐之初起公以平章軍國重事期年乃求去詔曰昔西伯善養老而太公自至魯穆公無人子思之側則長者去之公自爲謀則善矣獨不爲朝廷惜乎又曰唐太宗以干戈之事尚能起李靖於既老而穆宗文宗以燕安之際不能用裴度於未病治亂之效於斯可見公讀詔聳然不敢言去按此二詔蓋元祐二年三月潞公乞致仕不允批答皆坡所行也又繳還乞罷青苗狀云近日謫降

呂惠卿告詞云首建青苗次行助役亦坡所作張文定公墓誌載嘗論次其文凡三百二十字結之云世以軾爲知言又述諫用兵云老臣且死見先帝地下有以藉口矣亦其所作也并引責呂惠卿詞亦然乾道中邁直翰苑答陳敏步帥詔云亞夫持重小棘門霸上之將軍不識將屯冠長樂未央之衛尉後爲敏作神道碑亦引之正以爲法也

容齋續筆卷第十一

容齋續筆卷第十二　十一則

婦人英烈

婦人女子婉孌閨房以柔順靜專爲德其遇哀而悲臨事而惑蹈死而懼蓋所當然爾至於能以義斷恩以智決策榦旋大事視死如歸則幾於烈丈夫矣齊湣王失國王孫賈從王失王之處其母曰汝朝出而晚來則吾倚門而望汝暮出而不還則吾倚閭而望汝今事王王不知王處汝尚何歸賈乃入市呼市人攻殺淖齒而齊亡

臣相與求王子立之卒以復國馬超叛漢殺刺史太守涼州參軍楊阜出見姜敘於歷城與議討賊敘母曰韋使君遇難亦汝之負但當速發勿復顧我敘乃與趙昂合謀超取昂子月爲質昂謂妻異曰當柰月何異曰雪君父之大恥喪元不足爲重況一子哉超襲歷城得敘母母罵之曰汝背父殺君天地豈久容汝敢以面目視人乎超殺之月亦死晉卞壼拒蘇峻戰死二子隨父後亦赴敵而亡其母拊尸哭曰父爲忠臣

子爲孝子夫何恨乎秦苻堅將伐晉所幸張夫
人引禹稷湯武事以諫曰朝野之人皆言晉不
可伐陛下獨決意行之堅不聽曰軍旅之事非
婦人所當預也劉裕起兵討逆同謀孟昶謂妻
周氏曰我決當作賊幸早離絕周氏曰君父母
在堂欲建非常之謀豈婦人所能諫事之不成
當於奚官中奉養大家義無歸志也昶起周氏
追昶坐曰觀君舉措非謀及婦人者不過欲得
財物耳指懷中兒示之曰此兒可賣亦當不惜

遂傾貲以給之何無忌夜草檄文其母劉牢之姊也登橙密窺之泣曰汝能如此吾復何恨問所與同謀者曰劉裕母尤喜因爲言舉事必有成之理以勸之竇建德救王世充唐拒之於虎牢建德妻曹氏勸使乘唐國之虛西抄關中唐必還師自救建德曰此非女子所知李克用困於上源驛左右先脫歸者以汴人爲變告其妻劉氏劉神色不動立斬之陰召大將約束謀保軍以還克用歸欲勒兵攻汴劉氏曰公嘗訴之

於朝廷若擅舉兵相攻天下孰能辨其曲直克用乃止黃巢死時溥獻其姬妾僖宗宣問曰汝曹皆勳貴子女何爲從賊其居首者對曰狂賊凶逆國家以百萬之衆失守宗祧今陛下以不能拒賊責一女子置公卿將帥於何地乎上不復問戮之於市餘人皆悲怖昏醉獨不飲不泣至於就刑神色肅然唐莊宗臨斬劉守光守光悲泣哀祈不已其二妻李氏祝氏譙之曰事已如此生復何益妾請先死即伸頸就戮劉仁贍

守壽春幼子崇諫夜泛舟渡淮北仁贍命斬之監軍使求救於夫人夫人曰妾於崇諫非不愛也然軍法不可私若貸之則劉氏爲不忠之門矣趣命斬之然後成喪王師圍金陵李後主以劉澄爲潤州節度使澄開門降越後主誅其家澄女許嫁未適欲活之女曰叛逆之餘義不求生遂就死此十餘人者義風英氣尚凜凜有生意也雖載於史策聊表出之至於唐高祖起兵太原女平陽公主在長安其夫柴紹曰尊公將

以兵清京師我欲往恐不能偕柰何主曰公往矣我自爲計即奔鄠發家貲招南山亡命諭降羣盜申法誓衆勒兵七萬威振關中與秦王會渭北分定京師此其偉烈又非他人比也

無用之用

莊子云人皆知有用之用而莫知無用之用又云知無用而始可與言用矣夫地非不廣且大也人之所用容足耳然則廁足而墊之致黃泉所謂無用之爲用也亦明矣此義本起於老子

三十輻共一轂當其無有車之用一章學記鼓無當於五聲五聲弗得不備水無當於五色五色弗得不章其理一也今夫飛者以翼爲用繫其足則不能飛走者以足爲用縛其手則不能走舉塲較藝所務者才也而拙鈍者亦爲之用戰陳角勝所先者勇也而老怯者亦爲之用則有用無用若之何而可分别哉故爲國者其勿以無用待天下之士則善矣

龍筋鳳髓判

唐史稱張鷟早惠絶倫以文章瑞朝廷屬文下筆輒成八應制舉皆甲科今其書傳於世者朝野僉載龍筋鳳髓判也僉載紀事皆瑣尾擿裂且多媟語百判純是當時文格全類俳體但知堆垛故事而於蔽罪議法處不能深切殆是無一篇可讀一聯可味如白樂天甲乙判則讀之愈多使人不厭聊載數端於此甲去妻後妻犯罪請用子蔭贖罪甲不許判云不安爾室盡孝猶慰毋心薄送我畿贖罪寧辭子蔭縱下山之

有怨曷陟岵之無情辛夫遇盜而死求殺盜者而爲之妻或責其失節不伏判云夫讐不報未足爲非婦道有虧誠宜自恥詩著靡他之誓百代可知禮垂不嫁之文一言以蔽景居喪年老毁瘠或非其過禮曰哀情所鍾判云況血氣之既衰老夫耄矣縱哀情之罔極吾子忍之景妻有喪景於妻側奏樂妻責之不伏判云儼衰麻之在躬是吾憂也調絲竹以盈耳於汝安乎甲夜行所由執之辭云有公事欲早趨朝所由以

犯禁不聽判云非巫馬爲政焉用出以戴星同
宣子侯朝胡不退而假寐乙貴達有故人至坐
之堂下進以僕妾之食曰故辱而激之判云安
實敢名重耳竟慙於白犯感而成事張儀終謝
於蘇秦景娶妻無子父母將出之辭曰歸無所
從判云雖配無生育誠合比於斷絃而歸靡適
從度可同於束緼乙爲三品見本州刺史不拜
或非之稱品同判云或商周不敵敢不盡禮事
君今晉鄭同儕安得降階卑我若此之類不背

人情合於法意援經引史比喻甚明非靑錢學
士所能及也元微之有百餘判亦不能工余襄
公集中亦有判兩卷粲然可觀張鷟字文成史
云調露中登進士第考功員外郎騫味道見所
對稱天下無雙按登科記乃上元二年去調露
尚六歲是年進士四十五人鷟名在二十九旣
以爲無雙而不列高第神龍元年中才膺管樂
科於九人中爲第五景雲二年中賢良方正科
於二十人中爲第三所謂制舉八中甲科者亦

不然也

唐制舉科目

唐世制舉科目猥多徒異其名爾其實與諸科等也張九齡以道侔伊呂策高第以登科記及會要考之蓋先天元年九月明皇初即位宣勞使所舉諸科九人經邦治國材可經國才堪刺史賢良方正與此科各一人藻思清華與化變俗科各二人其道侔伊呂策問殊平平但云與化致理必俟得人求賢審官莫先任舉欲遠循

漢魏之規復存州郡之選慮牧守之明不能必鑒次及越騎飲飛皆出畿内欲均井田於要服遵丘賦於華車并安人重穀編户農桑之事殊不及爲天下國家之要道則其所以待伊吕者亦狹矣九齡於神龍二年中材堪經邦科本傳不書計亦此類耳

淵有九名

莊子載壺子見季咸事云鯢旋之潘爲淵止水之潘爲淵流水之潘爲淵淵有九名此處三焉

其詳見於列子黃帝篇盡載其目曰鯢旋之潘爲淵止水之潘爲淵流水之潘爲淵濫水之潘爲淵沃水之潘爲淵氿水之潘爲淵雍水之潘爲淵汧水之潘爲淵肥水之潘爲淵是爲九淵按爾雅云濫水正出正出即檻泉也沃泉下出氿泉穴出灉者反入汧者出不流又水決之澤爲汧肥者出同而歸異皆禹所名也爾雅之書非周公所作蓋是訓釋三百詩篇所用字不知列子之時已有此書否細碎蟲魚之文列子決不肯

留意得非偶相同邪淮南子有九璇之淵許叔重云至深也賈誼弔屈賦襲九淵之神龍顏師古曰九淵九旋之川言至深也與此不同

東坡論莊子

東坡先生作莊子祠堂記辯其不詆訾孔子嘗疑盜跖漁父則眞若詆孔子者至於讓王說劒皆淺陋不入於道反復觀之得其寓言之終曰陽子居西游於秦遇老子其往也舍者將迎其家公執席妻執巾櫛舍者避席煬者避竈其反

也與之爭席矣去其讓王説劒漁父盜跖四篇以合於列禦寇之篇曰列禦寇之齊中道而反曰吾驚焉吾食於十漿而五漿先餽然後悟而笑曰是固一章也莊子之言未終而昧者勦之以入其言爾東坡之識見至矣盡矣故其祭徐君猷文云爭席滿前無復十漿而五餽用爲一事今之莊周書寓言第二十七繼之以讓王盜跖説劒漁父乃至列禦寇爲第三十二篇讀之者可以渙然冰釋也予按列子書第二篇内首

載禦寇餽漿事數百言即綴以楊朱爭席一節正與東坡之旨異世同符而坡公記不及此豈非作文時偶忘之乎陸德明釋文郭子玄云一曲之才妄竄奇說若閼弈意脩之首危言游鳧子胥之篇凡諸巧雜十分有三漢藝文志莊子五十二篇即司馬彪孟氏所注是也言多詭誕或似山海經或類占夢書故注者以意去取其內篇衆家並同予參以此說坡公所謂昧者其然乎閼弈游鳧諸篇今無復存矣

列子書事

列子書事簡勁宏妙多出莊子之右其言惠盎見宋康王王曰寡人之所說者勇有力也客將何以教寡人盎曰臣有道於此使人雖勇刺之不入雖有力擊之弗中王曰善此寡人之所欲聞也盎曰夫刺之不入擊之不中此猶辱也臣有道於此使人雖有勇弗敢刺雖有力弗敢擊夫弗敢非無其志也臣有道於此使人本無其志也夫無其志也未有愛利之心也臣有道於

此使天下丈夫女子莫不驩然皆欲愛利之此其賢於勇有力也四累之上也觀此一段語宛轉四反非數百言曲而暢之不能了而潔淨粹白如此此後人筆力渠復可到耶三不欺之義正與此合不入不中者不能欺也弗敢刺擊者不敢欺也無其志者不忍欺也魏文帝論三者優劣斯言足以蔽之

天生對偶

舊說以紅生白熟脚色手紋寬焦薄脆之屬爲

天生偶對觸類而索之得相傳名句數端亦有經前人紀載者聊疏於此以廣多聞如三川太守四目老翁相公公相子人主主人公泥肥禾尚瘦晷短夜差長斷送一生惟有破除萬事無過北斗七星三四點南山萬壽十千年迅雷風烈風雷雨絶地天通天地人筵上枇杷本是無聲之樂草間蚱蜢還同不繫之舟皆絶工者又有用書語兩句而證以俗諺者如堯之子不肖舜之子亦不肖諺曰外甥多似舅吾力足以舉

百鈞而不足以舉一羽諺曰便重不便輕之類是也

銅爵灌硯

相州古鄴都魏太祖銅雀臺在其處今遺址髣髴尚存瓦絶大艾城王文叔得其一以爲硯餉黃魯直東坡所爲作銘者也其後復歸王氏硯之長幾三尺闊半之先公自燕還亦得二硯大者長尺半寸闊八寸中爲瓢形背有隱起六隷字甚清勁曰建安十五年造魏祖以建安九年

◎

領冀州牧治鄴始作此臺云小者規範全不逮
而其腹亦有六篆字曰大魏興和年造中皆作
小簇花團興和乃東魏孝靜帝紀年是時正都
鄴與建安相距三百年其至于今亦六百餘年
矣二者皆藏婭孫僴處予爲銘建安者曰鄴瓦
所范嘻其是邪幾九百年來隨漢槎淬爾筆鋒
肆其滂葩僴實寶此以昌我家銘興和者曰魏
元之東狗脚于鄴吁其瓦存亦禪千劫上林得
鴈獲貯歸笈玩而銘之裒淚棲踶贑州雩都縣

故有灌嬰廟今不復存相傳左地嘗爲池耕人往往於其中耕出古瓦可窾爲硯予向來守郡日所得者刓缺兩角猶重十斤瀋墨如發硎其光沛然色正黃考德儀年又非銅雀比亦嘗刻銘于上曰范土作瓦既埴既巳何斷制於火而卒以圍水廟于漢侯今千幾年何址靡祀歟而此獨也存縣顏之雩曰若灌池研爲我得而銘以章之葢紀實也

崔斯立

崔立之字斯立在唐不登顯仕他亦無傳而韓文公推奬之備至其藍田丞壁記云種學績文以蓄其有泓涵演迤日大以肆其贈崔評事詩云崔侯文章苦捷敏高浪駕天輸不盡曾從闗外來上都隨身卷軸車連軫朝爲百賦猶鬱怒暮作千詩轉遒緊才豪氣猛易語言往往蛟螭雜螻蚓其寄崔二十六詩云西城員外丞心跡兩崛奇往歲戰詞賦不將勢力隨傲兀坐試席深叢見孤羆文如翻水成初不用意爲四坐各

低面不敢捩眼窺佳句喧衆口考官敢瑕疵連年收科第若摘頷底髭其美之如是但記云正元初挾其能戰藝於京師再進再屈于人而詩以爲連年收科第何其自爲異也予按杭本韓文作再屈于人蜀本作再進屈千人文苑亦然蓋他本誤以千字爲于也又登科記立之以正元三年第進士七年中宏詞科正與詩合觀韓公所言崔作詩之多可知矣而無一篇傳于今豈非螻蚓之雜惟敏速而不能工邪

漢書注冗

顏師古注漢書評較諸家之是非最爲精盡然有失之贅冗及不煩音釋者其始遇字之假借從而釋之旣云他皆類此則自是以降固不煩申言然於循行字下必云行音下更反於給復字下必云復音方目反至如說讀曰悅繇讀曰繇鄉讀曰嚮解讀曰懈與讀曰豫又讀曰歟雍讀曰壅道讀曰導畜讀曰蓄視讀曰示艾讀曰乂竟讀曰境飭與勑同繇與由同敺與驅同晻

與暗同婁古屢字墬古地字饟古餉字犇古奔字之類各以百數解三代曰夏商周中都官曰京師諸官府失職者失其常業其重複亦然貸曰假也休曰美也烈曰業也稱曰副也靡曰無也滋曰益也蕃曰多也圖曰謀也耗曰減也卒曰終也悉曰盡也給曰足也寖曰漸也則曰法也風曰化也永曰長也省曰視也仍曰頻也疾曰速也比曰頻也諸字義不深祕旣爲之辭而又數出至同在一板內再見者此類繁多不可

勝載其谿仇愜坐郝陜治朧攘蓺垣縮顬擅酣俾重禹俞選等字亦用切脚皆爲可省志中所注尤爲煩蕪項羽一傳伯讀曰霸至於四言之若相國何相國參太尉勃太尉亞夫丞相平丞相吉亦注爲蕭何曹參威文顏閔必注爲齊威晉文顏淵閔子騫之類讀是書者要非童蒙小兒夫豈不曉何煩於屢注哉顏自著敘例云至如常用可知不涉疑昧者衆所共曉無煩翰墨殆是與今書相矛盾也

古跡不可考

郡縣山川之古跡朝代變更陵谷推遷葢已不可復識如堯山歷山所在多有之皆指爲堯舜時事編之圖經會稽禹墓尚云居高丘之顛至於禹穴則強名一罅不能容指不知司馬子長若之何可探也舜都蒲坂實今之河中所謂舜城者宜歷世奉之唯謹按張芸叟河中五廢記云蒲之西門所由而出者兩門之閒即舜城也廟居其中唐張洪靖守蒲嘗修飾之至熙寧之

初垣墉尚固曾不五年而爲埏陶者盡矣舜城自是遂廢又河之中泠一洲島名曰中潬所以限橋不知其所起或云汾陽王所爲以鐵爲基上有河伯祠水環四周喬木蔚然嘉祐八年秋大水馮襄了無遺跡中潬自此遂廢顯顯者若此他可知矣東坡在鳳翔作凌虛臺記云嘗試登臺而望其東則秦穆之祈年橐泉其南則漢武之長楊五柞其北則隋之仁壽唐之九成也計其一時之盛宏傑詭麗堅固而不可動然數

世之後欲求其髣髴而破瓦頽垣無復存者謂物之廢興成毀皆不可得而知則區區泥於陳迹而必欲求其是蓋無此理也漢書地理志扶風雍縣有橐泉宫秦孝公起祈年宫惠公起不以爲穆公

容齋續筆卷第十二

容齋續筆卷第十三　十四則

科舉恩數

國朝科舉取士自太平興國以來恩典始重然各出一時制旨未嘗輙同士子隨所得而受之初不以官之大小有所祈訴也太平之二年進士一百九人吕蒙正以下四人得將作丞餘皆大理評事充諸州通判三年七十四人胡旦以下四人將作丞餘並爲評事充通判及監當五年一百二十一人蘇易簡以下二十三人皆將

作丞通判八年二百三十九人自王世則以下
十八人以評事知縣餘授判司簿尉未幾世則
等移通判簿尉陞知令録明年並遷守評事雍
熈二年二百五十八人自梁顥以下二十一人
纔得節察推官端拱元年二十八人自程宿以
下但權知諸縣簿尉二年一百八十六人陳堯
叟曾會至得光禄丞直史館而第三人姚揆但
防禦推官淳化三年三百五十三人孫何以下
二人將作丞二人評事第五人以下皆吏部注

擬咸平元年孫僅但得防推二年孫暨以下但免選注官蓋此兩榜真宗在諒闇禮部所放故殺其禮及三年陳堯咨登第然後六人將作丞四十二人評事第二甲一百三十四人節度推官軍事判官第三甲八十人防團軍事推官

下第再試

太宗雍熙二年已放進士百七十九人或云下第中甚有可取者乃令復試又得洪湛等七十六人而以湛文采遒麗特升正榜第三端拱元

年禮部所放程宿等二十八人進士葉齊打鼓論榜遂再試復放三十一人而諸科因此得官者至於七百一時待士可謂至矣然太平興國末孟州進士張兩光以試不合格縱酒大罵於街衢中言涉指斥上怒斬之同保九輩永不得赴舉恩威並行至於如此

試賦用韻

唐以賦取士而韻數多寡平側次敘元無定格故有三韻者花萼樓賦以題爲韻是也有四韻

者蕢莢賦以呈瑞聖朝舞馬賦以奏之天廷丹甑賦以國有豐年泰階六符賦以元亨利正爲韻是也有五韻者金莖賦以日華川上動爲韻是也有六韻者止水魍魎人鏡三統指歸信及豚魚洪鍾待撞君子聽音東郊朝日蜡日祈天宗樂德訓冑子諸篇是也有七韻者日再中射已之鵠觀紫極舞五聲聽政諸篇是也八韻有二平六側者六瑞賦以儉故能廣被褐懷玉爲五色賦以日麗九華聖符土德徑寸珠賦以澤

浸四荒非寶遠物爲韻是也有三平五側者宣
耀門觀試舉人以君聖臣肅謹擇多士懸法象
魏以正月之吉懸法象魏玄酒以薦天明德有
古遺味五色土以王子畢封依以建社通天臺
以洪臺獨出浮景在下幽蘭以遠芳襲人悠久
不絶日月合璧以兩曜相合候之不差金柅以
直而能一斯可制動爲韻是也有五平三側者
金用礪以商高宗命傅說之官爲韻是也有六
平二側者旗賦以風日雲舒軍容淸肅爲韻是

也自大和以後始以八韻爲常唐莊宗時嘗覆試進士翰林學士承旨盧質以后從諫則聖爲賦題以堯舜禹湯傾心求過爲韻舊例賦韻四平四側質所出韻乃五平三側大爲識者所誚豈非是時巳有定格乎國朝太平興國三年九月始詔自今廣文館及諸州府禮部試進士律賦並以平側次用韻其後又有不依次者至今循之

正元制科

唐德宗正元十年賢良方正科十六人裴垍爲
舉首王播次之𫎇一名而裴度崔羣皇甫鏄繼
之六名之中連得五相可謂盛矣而邪正負不
侔度羣同爲元和宰相而鏄以聚斂賄賂亦居
之度羣極陳其不可度耻其同列表求自退兩
人竟爲鏄所毁而去且三相同時登科不可謂
無事分而玉石雜糅薰蕕同器若䵣䵣充位則
是固寵患失以私妨公裴崔之賢誼難以處也
本朝韓康公王岐公王荊公亦同年聯名熈寧

聞康公荆公爲相岐公參政故有一時同榜用三人之語頗類此云

貽子録

先公自燕歸得龍圖閣書一策曰貽子録有御書兩印存不言撰人姓名而序云愚叟受知南平王政寛專簡意必高從誨擅荆渚時賓僚如孫光憲輩者所編皆訓儆童蒙其修進一章云咸通年中盧子期著初舉子一卷細大無遺就試三場避國諱宰相諱主文諱士人家小子弟

忌用熨斗時把帛慮有拽白之嫌燭下寫試無誤筆即題其後云並無揩改塗乙注如有即言字數其下小書名同年小錄是雙隻先輩各一人分寫宴上長少分雙隻相向而坐元以東爲上俔以西爲首給舍員外遺補多來宊宴東先輩不遷而西先輩避位及吏部給春闈牒便稱前鄉貢進士大略有與今制同者獨避宰相主文諱不復講雙隻先輩之名他無所見其林園一章謂茄爲酪酥亦甚新

金花帖子

唐進士登科有金花帖子相傳已久而世不多見予家藏咸平元年孫僅榜盛京所得小録猶用唐制以素綾爲軸貼以金花先列主司四人銜曰翰林學士給事中楊兵部郎中知制誥李右司諫直史館梁祕書丞直史館朱皆押字次書四人甲子年若干某月某日生祖諱某父諱某私忌某日然後書狀元孫僅其所紀與今正同別用高四寸綾闊二寸書盛京二字四主司

花書于下粘於卷首其規範如此此不知以何年而廢也但此榜五十人自第一至十四人惟第九名劉燁爲河南人餘皆貫開封府其下又二十五人亦然不應都人士中選若是之多疑於方外人寄名託籍以爲進取之便耳四主司乃楊礪李若拙梁顥朱台符皆只爲同知舉

物之小大

列禦寇莊周大言小言皆出於物理之外列子所載夏革曰渤海之東幾億萬里有大壑焉實

惟無底之谷中有五山高下周旋三萬里山之
中閒相去七萬里而五山之根無所連著帝使
巨鼇十五舉首而戴之迭爲三番六萬歲一交
焉而龍伯之國有大人舉足不盈數千而暨山
所一釣而連六鼇合負而趣歸其國於是岱輿
員嶠二山沈於大海張湛注云以高下周圍三
萬里山而一鼇頭之所載而六鼇復爲一釣之
所引龍伯之人能并而負之計此人之形當百
餘萬里鯤鵬方之猶蚊蚋蚤虱耳太虛之所受

亦奚所不容哉莊子逍遥遊首著鯤鵬事云北溟有魚其名爲鯤鯤之大不知其幾千里也化而爲鳥其名爲鵬鵬之徙於南溟水擊三千里摶扶揺而上者九萬里二子之語大若此至於小言則莊子謂有國於蝸之左角曰觸氏右角曰蠻氏相與爭地而戰伏尸數萬逐北旬有五日而後反列子曰江浦之閒生麼蟲其名曰焦螟羣飛而集於蚊睫弗相觸也栖宿去來蚊弗覺也黄帝與容成子同齋三月徐以神視塊然

見之若嵩山之阿徐以氣聽砰然聞之若雷霆之聲二子之語小如此釋氏維摩詰長者居丈室而容九百萬菩薩并師子座一芥子之細而能納須彌皆一理也張湛不悟其寓言而竊竊然以太虛無所不容爲說亦隘矣若吾儒中庸之書但云天地之大也人猶有所憾故君子語大天下莫能載焉語小天下莫能破焉則明白洞達歸於至當非二氏之學一偏所及也

郭令公

唐人功名富貴之盛未有出郭汾陽之右者然
至其女孫爲憲宗正妃歷五朝每天下終以不
得志於宣宗而死自是支胄不復振及本朝慶
曆四年訪求厥後僅得裔孫元亨於布衣中以
爲永興軍助教歐陽公知制誥行其詞曰繼絶
世褒有功非惟推恩以及遠所以勸天下之爲
人臣者焉況爾先王名載舊史勳德之厚宜其
流澤於無窮而其後裔不可以廢絓服新命以
榮厥家且以二十四考中書令之門而需一助

教以爲榮吁亦淺矣乃知世禄不朽如春秋諸國至數百年者後代不易得也

紀年兆祥

自漢武建元以來千餘年間改元數百其附會離合爲之辭者不可勝書固亦有曉然而易見者如晉元帝永昌郭璞以爲有二日之象果至冬而亡亘靈寶大亨識者以爲一人二月了果以仲春敗蕭棟武陵王紀同歲竊位皆爲天正以爲二人一年而止其後皆然齊文宣天保爲

一大人只十果十年而終然梁明帝蕭巋亦用此而盡二十三年或又云巋蕞爾一邦故非禨祥所係齊後主隆化爲降死安德王延宗德昌爲得二日周武帝宣政爲宇文亡日宣帝大象爲天子冢蕭琮晉出帝廣運爲軍走隋煬帝大業爲大苦末唐僖宗廣明爲唐去丑口而著黃家日月以兆巢賊之禍欽宗靖康爲立十二月康果在位滿歲而高宗由康邸建中興之業熙寧之末將改元近臣撰三名以進曰平成曰美

成曰豐亨神宗曰成字負戈美成者犬羊負戈亨字爲子不成不若去亨而加元遂爲元豐若隆興則取建隆紹興各一字與唐正元取正觀開元之義同巳而嫌與顔亮正隆相近故二年即改乾道及甲午改純熈既巳布告天下予時守贛賀表云天永命而開中興方茂十年之統時純熈而用大介載新紀號之文追詔至乃爲淳熈蓋以出處有告成大武之語故不欲用

民俗火葬

自釋氏火化之說起於是死而焚尸者所在皆然固有炎暑之際畏其穢泄斂不終日肉尚未寒而就爇者矣魯夏父弗忌獻逆祀之議展禽曰必有殃雖壽而沒不爲無殃旣其葬也焚煙徹于上謂已葬而火焚其棺槨也吳伐楚其師居麇楚司馬子期將焚之令尹子西曰父兄親暴骨焉不能收又焚之不可謂前年楚人與吳戰多死麇中不可并焚也衛人掘褚師定子之墓焚之于平莊之上燕騎劫圍齊即墨掘人冢

墓燒死人齊人望見涕泣怒自十倍王莽作焚如之刑燒陳良等則是古人以焚尸爲大僇也列子曰楚之南有炎人之國其親戚死㓟其肉而棄之然後埋其骨秦之西有儀渠之國其親戚死聚柴積而焚之燻則煙上謂之登遐然後成爲孝子此上以爲政下以爲俗而未足爲異也蓋是時其風未行於中國故列子以儀渠爲異至與㓟肉者同言之㓟音寡

太史日官

周禮春官之屬曰太史掌建邦之六典以逆邦國之治正歲年以序事頒之于官府及都鄙頒告朔于邦國小史掌邦國之志奠繫世辨昭穆鄭氏注云太史日官也引左傳天子有日官諸侯有日御爲說志謂記也史官主書國語所謂鄭書及帝繫世本之屬是也小史主定之然則周之史官日官同一職耳故司馬談爲漢太史令而子長以爲文史星曆近乎卜祝之間固主上所戲弄倡優畜之流俗之所輕也今太史局

正星曆卜祝輩所聚其長曰太史局令而隸祕書省有太史案主之蓋其源流有自來矣

汲冢周書

汲冢周書今七十篇殊與尚書體不相類所載事物亦多過實其克商解云武王先入適紂所在射之三發而後下車擊之以輕呂名劍斬之以黃鉞縣諸大白商二女既縊又射之三發擊之以輕呂斬之以玄鉞縣諸小白越六日朝至于周以三首先馘入燎于周廟又用紂于南郊夫

武王之伐紂應天順人不過殺之而已紂既死何至梟戮俘馘且用之以祭乎其不然者也又言武王狩事尤爲淫侈至於擒虎二十有二貓二麋五千二百三十五犀十有二氂七百二十有一熊百五十一羆百十八豕三百五十有二貉十有八麈十有六麝五十鹿三千五百有二遂征四方凡憝國九十有九國馘磨億有十萬七千七百七十有九其多如是雖注家亦云武王以不殺爲仁無緣所馘如此蓋大言也王會

篇皆大會諸侯及四夷事云唐叔荀叔周公在左太公在右堂下之右唐公虞公南面立焉堂下之左商公夏公立焉四公者堯舜禹湯後商夏即杞宋也又言停商寶玉億有百萬所紀四夷國名頗古奥獸畜亦奇崛以肅慎爲稷慎獩人爲穢人樂浪之夷爲良夷姑蔑爲姑妹東甌爲且甌渠搜爲渠叟高句驪爲高夷所敘穢人前兒若獼猴立行聲似小兒良夷在子獸名幣身人首脂其腹炙之藿則鳴揚州禺禺魚人鹿青

丘狐九尾東南夷白民乘黄乘黄者似騏背有
兩角東越海蛤海陽盈車大蟹西南戎曰央林
以酋耳酋耳者身若虎豹渠叟以鼩犬鼩犬者
露犬也能飛食虎豹區陽戎以鼈封鼈封者若
彘前後有首蜀人以文翰文翰者若皐雞康民
以稃苡其實如李食之宜子北狄州靡費費其
形人身枝踵自笑笑則上脣翕其目食人都郭
亦北狄生生若黄狗人面能言奇幹亦北狄善芳頭
若雄雞佩之令人不昧正東高夷嗛羊嗛羊者

羊而四角西方之戎曰獨鹿邛邛距虛犬戎文
馬而赤鬣縞身目若黃金名古皇之乘白州北
閭北閭者其華若羽以其木爲車終行不敗篇
末引伊尹朝獻商書云湯問伊尹使爲四方獻
令伊尹請令正東以魚皮之鞞鰂醬蛟瞂利劒
正南以珠璣玳瑁象齒文犀正西以丹青白旄
江歷名珠龍角正北以槖駞騊駼駃騠良弓爲獻
湯曰善凡此皆無所質信姑録之以貽博雅者
唐太宗時遠方諸國來朝貢者甚衆服裝詭異

顔師古讀圖以示後作王會圖葢取諸此漢書
所引天子不取反受其咎毋爲權首將受其咎
以爲逸周書此亦無之然則非全書也

曹子建論文

曹子建與楊德祖書云世人著述不能無病僕
常好人譏彈其文有不善應時改定昔丁敬禮
常作小文使僕潤飾之僕自以才不過若人辭
不爲也敬禮謂僕卿何所疑難文之佳麗吾自
得之後世誰相知定吾文者邪吾常歎此達言

以爲美談子建之論善矣任昉爲王儉主簿儉出自作文令昉點正昉因定數字儉歎曰後世誰知子定吾文正用此語今世俗相承所作文或爲人詆訶雖未形之於辭色及退而怫然者皆是也歐陽公作尹師魯銘文不深辯其獲罪之寃但稱其爲文章簡而有法或以爲不盡公怒至詒書他人深數責之曰簡而有法惟春秋可當之脩於師魯之文不薄矣又述其學曰通知古今此語若必求其可當者惟孔孟也而世

之無識者乃云云此文所以慰吾亡友爾豈恤小子輩哉王荆公爲錢公輔銘母夫人蔣氏墓不稱公輔甲科但云子官於朝豐顯矣里巷之士以爲太君榮後云孫七人皆幼不書其名公輔意不滿以書言之公復書曰比蒙以銘文見屬輒爲之而不辭不圖乃猶未副所欲欲有所增損鄙文自有意義不可改也宜以見還而求能如足下意者爲之如得甲科爲通判何足以爲太夫人之榮一甲科通判苟粗知爲辭賦雖

市井小人皆可以得之何足道哉故銘以謂閭巷之士以爲太夫人榮明天下有識者不以置榮辱也至於諸孫亦不足列孰有五子而無七孫者乎二公不喜人之議其文亦如此

雨水清明

曆家以雨水爲正月中氣驚蟄爲二月節清明爲三月節穀雨爲三月中氣而漢世之初仍周秦所用驚蟄在雨水之前穀雨在清明之前至於太初始正之云

容齋續筆卷第十三

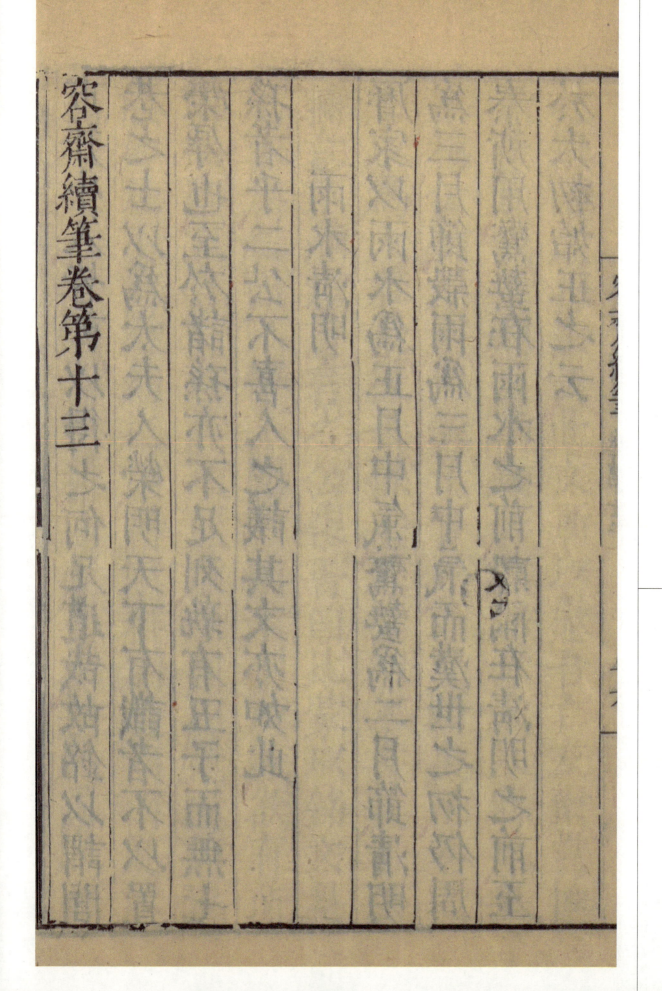

容齋續筆卷第十四 十七則

尹文子

漢藝文志名家內有尹文子一篇云説齊宣王先公孫龍劉歆云其學本於黄老居稷下與宋鈃彭蒙田駢等同學於公孫龍今其書分爲上下兩卷蓋漢末仲長統所銓次也其文僅五千言議論亦非純本黄老者大道篇曰道不足以治則用法法不足以治則用術術不足以治則用權權不足以治則用勢勢不足則反權權用

則反術術用則反法法用則反道道用則無爲
而自治又曰爲善使人不能得從此獨善也爲
巧使人不能得爲此獨巧也未盡善巧之理爲
善與衆行之爲巧與衆能之此善之善者巧之
巧者也故所貴聖人之治不貴其獨治貴其能
與衆共治貴工倕之巧不貴其獨巧貴其能與
衆共巧也今世之人行欲獨賢事欲獨能辯欲
出羣勇欲絶衆獨行之賢不足以成化獨能之
事不足以周務出羣之辯不可爲戶説絶衆之

勇不可與正陳凡此四者亂之所由生聖人任
道立法使賢愚不相棄能鄙不相遺此正治之
術也詳味其言頗流而入於兼愛莊子末章敘
天下之治方術者曰不累於俗不飾於物不苟
於人不忮於衆願天下之安寧以活民命人我
之養畢足而止以此白心古之道術有在於是
者宋鈃尹文聞其風而悅之作爲華山之冠以
自表雖天下不取强聒而不舍者也其爲人太
多其自爲太少蓋亦盡其學云荀卿非十二子

有宋銒而文不預又別一書曰尹子五卷共十九篇其言論膚淺多及釋氏蓋晉宋時衲人所作非此之謂也

帝王訓儉

帝王創業垂統規以節儉貽訓子孫必其繼世象賢而後可以循其教不然正足取侮笑耳宋孝武大治宮室壞高祖所居陰室於其處起玉燭殿與羣臣觀之牀頭有土障上挂葛燈籠麻蠅拂侍中袁顗因盛稱高祖儉素之德上不荅

獨曰田舍翁得此以爲過矣唐高力士於太宗陵寢宮見梳箱一柞木梳一黑角篦一草根刷子一歎曰先帝親正皇極以致升平隨身服用唯留此物將欲傳示子孫永存節儉具以奏聞明皇詣陵至寢宮問所留示者何在力士捧跪上上跪奉肅敬如不可勝曰夜光之珍垂棘之璧將何以愈此即命史官書之典冊是時明皇履位未久厲精爲治故見太宗故物而惕然有感及修心一動窮天下之力不足以副其求尚

何有於此哉宋孝武不足責也若齊高帝周武帝陳高祖隋文帝皆有儉德而東昏天元叔寶煬帝之淫侈浮於桀紂又不可以語此云

用計臣爲相

唐自正觀定制以省臺寺監理天下之務官脩其方未之或改明皇因時極盛好大喜功於財利之事尤切故宇文融韋堅楊矜王鉷皆以聚斂刻剥進然其職不出戶部也楊國忠得志乃以御史大夫判度支權知太府卿及兩京司農

太府出納是時猶未立判使之名也肅宗以後兵興費廣第五琦劉晏始以戶部侍郎判諸使因之拜相於是鹽鐵有使度支有判元琇班宏裴延齡李巽之徒踵相躡遂浸浸以他官主之權任益重憲宗季年皇甫鎛由判度支程异由衛尉卿鹽鐵使並命爲相公論沸騰不恤也逮於宣宗率由此塗大用馬植裴休夏侯孜以鹽鐵盧商崔元式周墀崔龜從蕭鄴劉瑑以度支魏扶魏謩崔謹由蔣伸以戶部自是計相不可

勝書矣惟裴度判度支上言調兵食非宰相事請以歸有司其識量宏正不可同日語也

州縣牌額

州縣牌額率係於吉凶以故不敢輕爲改易嚴州分水縣故額草書分字縣令有作聰明者謂事體非宜自眞書三字刻而立之是年邑境惡民持刃殺人者衆蓋分字爲八刀也徽州之山水清遠素無火災紹熈元年添差通判盧瑢悉以所作隸字換郡下扁牓自譙樓儀門凡亭榭

臺觀之類一切趨新郡人以爲字多燥筆而於州牌尤爲不嚴重私切憂之次年四月火起於郡庫經一日兩夕乃止官舍民廬一空

盧知猷

唐之末世王綱絶紐學士大夫逃難解散畏死之不暇非有扶顛持危之計能支大厦於將傾者出力以佐時則當委身山棲往而不反爲門戶性命慮可也白馬之禍豈李振柳璨數凶子所能害哉亦裴崔獨孤諸公有以自取耳偶讀

司空表聖集太子太師盧知猷神道碑見其仕於僖昭更歷榮級至尚書右僕射以一品致仕可以歸矣然由閒關跋履從昭宗播遷自華幸洛天祐二年九月乃終享年八十有六其得沒於牖下亦云幸也新唐書有傳附於父後甚略云昭宗爲劉季述所幽感憤而卒按昭宗以光化三年遭季述之禍天復元年反正至知猷亡時相去五年傳云子文度亦貴顯而碑載嗣子刑部侍郎膺亦不同表聖乃盧幕客當時作誌

必不誤矣昭宗實録光化四年三月華州奏太
子太師盧知猷卒以劉季述之變感憤成疾卒
年七十五正與新唐傳同蓋唐武宣以後諸録
乃宋敏求補撰簡牘當有散脱者皆當以司空
之碑爲正又按是年四月改元天復舊唐紀十
一月車駕幸鳳翔朱全忠趨長安文武百寮太
子太師盧知猷已下出迎又爲可證宰相世系
表知猷生文度而同族曰渥渥之子膺刑部侍
郎二者矛盾如此

忌諱諱惡

周禮春官小史詔王之忌諱鄭氏曰先王死日爲忌名爲諱禮記王制太史典禮執簡記奉諱惡注云諱者先王名惡者忌日若子卯惡烏路反左傳叔弓如滕子服椒爲介及郊遇懿伯之忌叔弓不入懿伯椒之叔父忌怨也椒曰公事有公利無私忌椒請先入觀此乃知忌諱之明文漢人表䟽如東方朔有不知忌諱之類皆戾本旨今世俗語言多云無忌諱及不識忌諱葢

非也

陳涉不可輕

揚子法言或問陳勝吳廣曰亂曰不若是則秦不亡曰亡秦乎恐秦未亡而先亡矣李軌以爲輕用其身而要乎非命之運不足爲福先適足以爲禍始予謂不然秦以無道毒天下六王皆萬乘之國相踵滅亡豈無孝子慈孫故家遺俗皆奉頭鼠伏自張良狙擊之外更無一人敢西向窺其鋒者陳勝出於戍卒一旦奮發不顧海

內豪傑之士乃始雲合響應並起而誅之數月之閒一戰失利不幸隕命於御者之手身雖已死其所置遣侯王將相竟亡秦項氏之起江東亦矯稱陳王之令而度江秦之社稷爲墟誰之力也且其稱王之初萬事草創能從陳餘之言迎孔子之孫鮒爲博士至尊爲太師所與謀議皆非庸人崛起者可及此其志豈小小者哉漢高帝爲之置守冢於碭血食二百年乃絕于雲指以爲亂何邪若乃殺吳廣誅故人寡恩忘舊

無帝王之度此其所以敗也

士匄韓厥

晉厲公既殺郤氏三卿羣臣疑懼欒書荀偃執公召士匄匄辭不往召韓厥厥辭曰古人有言曰殺老牛莫之敢尸而況君乎二三子不能事君焉用厥也二子竟弑公而不敢以匄厥爲罪豈非畏敬其忠正乎唐武德之季秦王與建成元吉相忌害長孫無忌高士廉侯君集尉遲敬德等日夜勸王誅之王猶豫未決問於李靖靖

辭問於李世勣世勣辭王由是重二人及至登天位皆任爲將相知其有所守也晉唐四賢之識見略等而無有稱述者唐史至不書其事殆非所謂發潛德之幽光也蕭道成將革命欲引時賢參贊大業夜召謝朏屏人與語朏竟無一言及王儉褚淵之謀既定道成必欲引朏參佐命朏亦不肯從遂不仕齊世其亦賢矣

孔墨

墨翟以兼愛無父之故孟子辭而辟之至比於

禽獸然一時之論迨於漢世往往以配孔子列子載惠盎見宋康王曰孔丘墨翟無地而爲君無官而爲長天下丈夫女子莫不延頸舉踵而願安利之鄒陽上書於梁孝王曰魯聽季孫之說逐孔子宋任子冉之計囚墨翟以孔墨之辯不能自免於讒諛賈誼過秦云非有仲尼墨翟之知徐樂云非有孔曾墨子之賢是皆以孔墨爲一等列鄒之書不足議而誼亦如此韓文公最爲發明孟子之學以爲功不在禹下者正以

辟楊墨耳而著讀墨子一篇云儒墨同是堯舜同非桀紂同脩身正心以治天下國家孔子必用墨子墨子必用孔子不相用不足爲孔墨此又何也魏鄭公南史梁論亦有抑揚孔墨之語

玉川月蝕詩

盧仝月蝕詩唐史以謂譏切元和逆黨考韓文公效仝所作云元和庚寅歲十一月是年爲元和五年去憲宗遇害時尚十載仝云歲星主福德官爵奉董秦誽者謂董秦即李忠臣嘗爲將

相而臣朱泚至於亡身故全鄗之東坡以爲當
秦之鎭淮西日代宗避吐蕃之難出狩追諸道
兵莫有至者秦方在鞠塲趣命治行諸將請擇
日秦曰父母有急難而欲擇日乎即倍道以進
雖末節不終似非無功而食禄者近世有嚴有
翼者著藝苑雌黄謂坡之言非也秦守節不終
受泚僞官爲賊居守何功之足云詩譏刺當時
故言及此坡乃謂非無功而食禄謬矣有翼之
論一何輕發至詆坡公爲非爲謬哉予按是時

秦之死二十七年矣何爲而追刺之使仝欲譏逆黨則應首及禄山與泚矣竊意元和之世吐突承璀用事仝以爲嬖倖擅位故用董賢秦宫輩喻之本無預李忠臣事也記前人似亦有此説而不能省憶其詳

詩要點撿

作詩至百韻詞意既多故有失於點撿者如杜老夔府詠懷前云滿坐涕潺湲後又云伏臘涕漣漣白公寄元微之既云無盃不共持又云笑

勸迓辛酒華樽逐勝移觥飛白玉卮飲訝卷波遲歸鞍酩酊馳酡顏烏帽側醉袖玉鞭垂白醪充夜酌嫌醒自啜醨不飲長如醉一篇之中說酒者十一句東坡賦中隱堂五詩各四韻亦有坡垂似伏鼇崩崖露伏龜之語近於意重

周蜀九經

唐正觀中魏證虞世南顏師古繼爲祕書監請募天下書選五品以上子孫工書者爲書手繕寫予家有舊監本周禮其末云大周廣順三年

癸丑五月雕造九經書畢前鄉貢三禮郭嵠書
列宰相李穀范質判監田敏等銜于後經典釋
文末云顯德六年己未三月太廟室長朱延熙
書宰相范質王溥如前而田敏以工部尚書爲
詳勘官此書字畫端嚴有楷法更無舛誤舊五
代史漢隱帝時國子監奏周禮儀禮公羊穀梁
四經未有印板欲集學官考挍雕造從之正尚
武之時而能如是蓋至此年而成也成都石本
諸經毛詩儀禮禮記皆秘書省秘書郎張紹文

書周禮者祕書省挍書郎孫朋古書周易者國
子博士孫逢吉書尚書者校書郎周德政書爾
雅者簡州平泉令張德昭書題云廣政十四年
蓋孟昶時所鐫其字體亦皆精謹兩者並用士
人筆札猶有正觀遺風故不庸俗可以傳遠唯
三傳至皇祐元年方畢工殊不逮前紹興中分
命兩淮江東轉運司刻三史板其兩漢書內凡
欽宗諱並小書四字曰淵聖御名或徑易爲威
字而他廟諱皆只缺畫愚而自用爲可笑也蜀

三傳後列知益州樞密直學士右諫議大夫田況衛大書爲三行而轉運使直史館曹穎叔提點刑獄屯田員外郎孫長卿各細字一行又差低於況今雖執政作牧監司亦與之鴈行也

冢宰治内

周禮天官冢宰其屬有宫正實掌王宫之戒令糾禁内宰以陰禮教六宫以陰禮教九嬪蓋宫中官之長也故自后夫人之外九嬪世婦女御以下無不列於屬中後世宫掖之事非上宰可

得而聞也禮記內則篇記男女事父母舅姑細
瑣畢載而首句云后王命冢宰降德于衆兆民
則以其治內故也

宰相爵邑

國朝宰相初不用爵邑爲輕重然亦嘗以代壁
黜王文康曾任司空後爲太子太師經太宗登
極恩但封祁國公呂文穆自司徒謝事爲太子
太師經東封西祀恩不復再得三公但封徐國
許國公而已寇忠愍罷相學士錢惟演以太子

太傅處之眞宗令更與些恩數惟演但乞封國公王冀公欽若食邑已過萬戶及謫爲司農卿於銜内盡除去後再拜相乃悉還之湯岐公以大觀文免相因御史言落職鐫爵趙衛公坐舉官犯贓見爲使相但降封益川郡公削二千戶今周益公亦然皆故實所無也王婺相元封冀嫌其與欽若同屢欲改適有進國史賞予爲擬進韓國制詞用有此冀方莫如韓樂既播告矣而刪定官馮震武以爲眞宗故封不許用遂貼

麻爲魯雖著於司封格馮蓋不知富韓公巳用之矣是時婺相以食邑過二萬戶爲辭壽皇遣中使至邁所居宣示令具前此有無體例及合如何施行事理擬定聞奏遂以邑戶無止法復命乃竟行下

楊子一毛

孟子曰楊子取爲我拔一毛而利天下不爲也楊朱之書不傳於今其語無所考惟列子所載楊朱曰伯成子高不以一毫利物舍國而隱耕

古之人損一毫利天下不與也人人不損一毫
不利天下天下治矣禽子問楊朱曰去子體之
一毛以濟一世汝爲之乎楊子曰世固非一毛
之所濟禽子曰假濟爲之乎楊子弗應禽子出
語孟孫陽陽曰有侵若肌膚獲萬金者若爲之
乎曰爲之曰有斷若一節得一國子爲之乎禽
子默然陽曰積一毛以成肌膚積肌膚以成一
節一毛固一體萬分中之一物柰何輕之觀此
則孟氏之言可證矣

李長吉詩

李長吉有羅浮山人詩云欲翦湘中一尺天吳娥莫道吳刀澁正用杜老題王宰書山水圖歌焉得并州快翦刀翦取吳松半江水之句長吉非蹈襲人後者疑亦偶同不失自爲好語也

子夏經學

孔子弟子惟子夏於諸經獨有書雖傳記雜言未可盡信然要爲與他人不同矣於易則有傳於詩則有序而毛詩之學一云子夏授高行子

四傳而至小毛公一云子夏傳曾申五傳而至大毛公於禮則有儀禮喪服一篇馬融王肅諸儒多爲之訓説於春秋所云不能贊一辭蓋亦嘗從事於斯矣公羊高實受之於子夏穀梁赤者風俗通亦云子夏門人於論語則鄭康成以爲仲弓子夏等所撰定也後漢徐防上疏曰詩書禮樂定自孔子發明章句始於子夏斯其證云

容齋續筆卷第十四

容齋續筆卷第十五　十三則

紫閣山村詩

宣和間朱勔挾花石進奉之名以固寵規利東南部使者郡守多出其門如徐鑄應安道王仲閎輩濟其惡豪奪漁取士民家一石一木稍堪翫即領健卒直入其家用黃封表誌而未即取護視微不謹則被以大不恭罪及發行必撤屋決墻而出人有一物小異共指爲不祥唯恐芟夷之不速楊戩李彥創汝州西城所任輝彥李

士漁王蔚毛孝立之徒亦助之發物供奉大抵類勔而又有甚焉者徽宗患其擾屢禁止之然覆出爲惡不能絶也偶讀白樂天紫閣山北村詩乃知唐世固有是事漫録于此晨游紫閣峯暮宿山下村村老見予喜爲予開一罇舉盃未及飲暴卒來入門紫衣挾刀斧草草十餘人奪我席上酒掣我盤中飧主人退後立斂手反如賓中庭有奇樹種來三十春主人惜不得持斧斷其根口稱采造家身屬神策軍主人切勿語

中尉正承恩蓋正元元和閒也

李林甫秦檜

李林甫爲宰相妬賢嫉能以裴耀卿張九齡在巳上以李適之爭權設詭計去之若其所引用如牛仙客至終于位陳希烈及見其死皆共政六七年雖兩人伴食諂事所以能久然林甫以忮心賊害亦不朝慍暮喜尚能容之秦檜則不然其始也見其能助我自冗散小官不三二年至執政史才由御史撿法官超右正言遷諫議

大夫遂簽書樞密施鉅由中書撿正鄭仲熊由
正言同除權吏部侍郎方受告正謝施即參知
政事鄭爲簽樞宋樸爲殿中侍御史欲驟用之
令臺中申稱本臺缺撿法主簿須長貳乃可辟
即就狀奏除侍御史許薦舉遽拜中丞謝日除
簽樞其捷如此然數人者不能數月而罷楊愿
最善佞至飲食動作悉效之秦嘗因食噴嚏失
笑愿於倉卒間亦陽噴飯而笑左右侍者哂焉
秦察其奉已愈喜既歷歲亦厭之諷御史排擊

而預告之愿涕淚交頤秦曰士大夫出處常事
耳何至是愿對曰愿起賤微致身此地已不啻
足但受太師生成恩過於父母一旦別去何時
復望車塵馬足耶是所以悲也秦益憐之使以
本職奉祠僅三月起知宣州李若谷罷參政或
曰胡不效楊原仲之泣李河北人有直氣笑曰
便打殺我亦撰眼淚不出秦聞而大怒遂有江
州居住之命秦嘗以病謁告政府獨有余堯弼
因奏對高宗訪以機務一二不能答秦病愈入

見上曰余堯弼既參大政朝廷事亦宜使之與
聞秦退扣余曰比日榻前所詢何事余具以告
秦呼省吏取公牘閱視皆已書押責之曰君既
書押了安得言弗知是故欲相責耳余離席辯
析不復應明日臺評交章叚拂爲人憒憒一日
秦在前開陳頗久遂俯首瞌睡秦退始覺殊窘
怖上猶慰拊之且詢其鄉里少頃還殿廊幕中
秦閉目誦佛典客贊揖至三乃答歸政事堂窮
詰其語無以對旋遭劾至於責居湯思退在樞

府上偶回顧有所問秦是日所奏微不合即云陛下不以臣言爲然乞問湯思退上曰此事朕豈不曉何用問他湯思退秦還省見湯已不樂謀去之會其病迫於亡遂免考其所爲蓋出偃月堂之上也

注書難

注書至難雖孔安國馬融鄭康成王弼之解經杜元凱之解左傳顔師古之注漢書亦不能無失王荆公詩新經八月剥棗解云剥者剥其皮

而進之所以養老也毛公本注云剥擊也陸德明音普卜反公皆不用後從蔣山郊步至民家問其翁安在曰去撲棗始悟前非即具奏乞除去十三字故今本無之洪慶善注楚辭九歌東君篇緪瑟兮交鼓簫鐘兮瑤簴引儀禮鄉飲酒章間歌魚麗笙由庚歌南有嘉魚笙崇丘爲比云簫鐘者取二樂聲之相應者互奏之既鏤板置于墳庵一蜀客過而見之曰一本簫作㩋廣韻訓爲擊也蓋是擊鐘正與緪瑟爲對耳慶善

四六二

謝而丞政之政和初蔡京禁蘇氏學蘄春一士獨杜門注其詩不與人往還錢伸仲爲黃岡尉因考按上舍往來其鄉三進謁然後得見首請借閱其書士人指案側巨編數十使隨意抽讀適得和楊公濟梅花十絕月地雲階漫一尊玉奴終不負東昏臨春結綺荒荆棘誰信幽香是返魂注云玉奴齊東昏侯潘妃小字臨春結綺者陳後主主閣之名也伸仲曰所引止於此耳曰然伸仲曰唐牛僧孺所作周秦行紀記入薄

太后廟見古后妃輩所謂月地雲階見洞仙東
昏以玉兒敗身死國除不擬負他乃是此篇所
用先生何爲没而不書士人恍然失色不復一
語顧其子焚紙炬悉焚之伸仲勸使姑留之竟
不可曰吾枉用工夫十年非君幾貽士林嗤笑
伸仲每談其事以戒後生但玉奴乃楊貴妃自
稱潘妃則名玉兒也剥棗之說得於吳說傳朋
簫鍾則慶善自言也紹興初又有傳洪秀才注
坡詞鏤板錢塘至於不知天上宮闕今夕是何

年不能引共道人閒惆悵事不知今夕是何年之句笑怕薔薇罥學畫鴉黄未就不能引南部煙花録如此甚多

書易脱誤

經典遭秦火之餘脱亡散落其僅存於今者相傳千歳雖有錯誤無由復改漢藝文志載劉向以中古文易經挍施孟梁丘經或脱去无咎悔亡唯費氏經與古文同以尚書挍歐陽夏侯三家經文酒誥脱簡一召誥脱簡二率簡二十五

字者脫亦二十五字簡二十二字者脫亦二十二字今世所存者獨孔氏古文故不見二篇脫處周易雜卦自乾坤以至需訟皆以兩兩相從而明相反之義若大過至夬八卦則否蓋傳者之失也東坡始正之元本云大過顛也姤遇也柔遇剛也漸女歸待男行也頤養正也既濟定也歸妹女之終也未濟男之窮也夬決也剛決柔也君子道長小人道憂也坡改云頤養正也大過顛也姤遇也柔遇剛也夬決也剛決柔也

君子道長小人道憂也漸女歸待男行也歸妹女之終也既濟定也未濟男之窮也謂如此而相從之次相反之義煥然若合符節矣尚書洪範四五紀一曰歲二曰月三曰日四曰星辰五曰曆數便合繼之以王省惟歲卿士惟月師尹惟日至於月之從星則以風雨一章乃接五皇極亦以簡編脫誤故失其先後之次五皇極之中蓋亦有雜九五福之文者如斂時五福用敷錫厥庶民凡厥正人既富方穀汝弗能使有好

于而家時人斯其辜于其無好德汝雖錫之福
其作汝用咎及上文而康而色曰予攸好德汝
則錫之福是也康誥自惟三月哉生䰟至乃洪
大誥治四十八字乃是洛誥合在篇首周公拜
手之前武成一篇王荆公始正之自王朝步自
周于征伐商即繼以底商之罪告于皇天后土
至一戎衣天下大定乃繼以厥四月哉生明至
予小子其承厥志然後及乃反商政以訖終篇
則首尾亦粲然不紊

南陔六詩

南陔白華華黍由庚崇丘由儀六詩毛公爲詩詁訓傳各置其名述其義而亡其辭鄉飲酒燕禮云笙入堂下磬南北面立樂奏南陔白華華黍乃閒歌魚麗笙由庚歌南有嘉魚笙崇丘歌南山有臺笙由儀乃合樂周南關雎葛覃卷耳召南鵲巢采蘋采蘩切詳文意所謂歌者有其辭所以可歌如魚麗嘉魚關雎以下是也亡其辭者不可歌故以笙吹之南陔至于由儀是也

有其義者謂孝子相戒以養萬物得由其道之義亡其辭者元未嘗有辭也鄭康成始以爲及秦之世而亡之又引燕禮升歌鹿鳴下管新宮爲比謂新宮之詩亦亡按左傳宋公享叔孫昭子賦新宮杜注爲逸詩則亦有辭非諸篇比也陸德明音義云此六篇蓋武王之詩周公制禮用爲樂章吹笙以播其曲孔子刪定在三百一十一篇內及秦而亡蓋祖鄭說耳且古詩經刪及逸不存者多矣何獨列此六名於大序中乎

東晳補亡六篇不作可也左傳叔孫豹如晉晉
侯享之金奏肆夏韶夏納夏工歌文王大明緜
鹿鳴四牡皇皇者華三夏者樂曲名擊鐘而奏
亦以樂曲無辭故以金奏若六詩則工歌之矣
尤可證也

紹聖廢春秋

五聲本於五行而徵音廢四瀆源於四方而濟
水絕周官六典所以布治而司空之書亡是固
出於無可柰何非人力所能爲也乃若六經載

道而王安石欲廢春秋紹聖中章子厚作相蔡
卞執政遂明下詔罷此經誠萬世之罪人也
王韶熙河
王韶取熙河國史以爲嘗游陝西采訪邊事遂
詣闕上書偶讀晁以道集與熙河錢經略書云
熙河一道曹南院棄而不城者也其後夏英公
喜功名欲城之其如韓范之論何又其後有一
王長官韶者薄游陽翟偶見英公神道碑所載
云云遂宂以爲策以干丞相時丞相是謂韓公

視王長官者稚而狂之若河外數州則文王長官棄而不城者也彼木征之志不淺鬼章之睥睨尤近而著者隴拶似若無能頗聞有子存實有不可不懼者此書蓋是元祐初年然則韶之本指乃如此予修史時未得其說也英公碑王岐公所作但云嘗上十策若通唃厮囉之屬羌當時施用之餘皆不書不知晁公所指爲何也

書籍之厄

梁元帝在江陵蓄古今圖書十四萬卷將亡之

夕盡焚之隋嘉則殿有書三十七萬卷唐平王世充得其舊書於東都浮舟泝河盡覆于砥柱正觀開元募借繕寫兩都各聚書四部祿山之亂尺簡不藏代宗文宗時復行搜采分藏于十二庫黄巢之亂存者蓋尠昭宗又於諸道求訪及徙洛陽蕩然無遺今人觀漢隋唐經籍藝文志未嘗不茫然太息也晁以道記本朝王文康初相周世宗多有唐舊書今其子孫不知何在李文正所藏旣富而且闢學館以延學士大夫

不待見主人而下馬直入讀書供牢饌以給其日力與衆共利之今其家僅有敗屋數楹而書不知何在也宋宣獻家兼有畢文簡楊文莊二家之書其富蓋有王府不及者元符中一夕災爲灰燼以道自謂家五世於兹雖不敢與宋氏爭多而校讐是正未肯自遜政和甲午之冬火亦告譴唯劉壯輿家於廬山之陽自其祖凝之以來遺子孫者唯圖書也其書與七澤俱富矣於是爲作記令劉氏之在廬山者不聞其人則

所謂藏書殆亦羽化乃知自古到今神物亦於斯文爲斬斬也宣和殿太淸樓龍圖閣御府所儲靖康蕩析之餘盡歸於燕置之祕書省乃有幸而得存者焉

逐貧賦

韓文公送窮文柳子厚乞巧文皆擬揚子雲逐貧賦韓公進學解擬東方朔客難柳子晉問篇擬枚乘七發正符擬劇秦美新黃魯直跛奚移文擬王子淵僮約皆極文章之妙逐貧一賦幾

五百言文選不收初學記所載纔百餘字今人蓋有未之見者輒録於此云揚子遁世離俗獨處左鄰崇山右接曠野鄰垣乞兒終貧且窶禮薄義弊相與羣聚惆悵失志呼貧與語汝在六極投棄荒遐好爲庸卒刑戮是加匪惟幼稚嬉戲土沙居非近鄰接屋連家恩輕毛羽義薄輕羅進不由德退不受訶久爲滯客其意若何人皆文繡余褐不全人皆稻粱我獨藜飧貧無寶玩何以接歡宗室之宴爲樂不槃徒行負賃出

處易衣身服百役手足胼胝或耘或耔霑體露
肌朋友道絶進官凌遲厥咎安在職女之爲舍
女遠竄崑崙之巔爾復我隨翰飛戾天舍爾登
山巖穴隱藏爾復我隨陟彼高岡舍爾入海汎
彼栢舟爾復我隨載沉載浮我行爾動我靜爾
休豈無他人從我何求今汝去矣勿復久留貧
曰唯唯主人見逐多言益嗤心有所懷願得盡
辭昔我乃祖崇其明德克佐帝堯誓爲典則土
階茅茨匪雕匪飾爰及季世縱其昏惑饕餮之

羣貧富苟得鄙我先人乃傲乃驕瑤臺瓊室華
屋崇高流酒爲池積肉爲崤是用鵠逝不踐其
朝三省吾身謂予無諐處君之家福禄如山忘
我大德思我小怨堪寒能暑少而習焉寒暑不
忒等壽神仙桀跖不顧貪類不干人皆重蔽子
獨露居人皆怵惕子獨無虞言辭既聲色厲目
張攝齊而與降階下堂誓將去汝適彼首陽孤
竹之子與我連行余乃避席辭謝不直請不貳
過聞義則服長與爾居終無厭極貧遂不去與

我遊息唐宣宗時有文士王振自稱紫邏山人有送窮辭一篇引韓吏部爲説其文意亦工

澗松山苗

詩文當有所本若用古人語意别出機杼曲而暢之自足以傳示來世左太冲詠史詩曰鬱鬱澗底松離離山上苗以彼徑寸莖蔭此百尺條世胄躡高位英俊沉下僚地勢使之然由來非一朝白樂天續古一篇全用之曰雨露長纖草山苗高入雲風雪折勁木澗松摧爲薪風摧此

何意兩長彼何因百尺澗底死寸莖山上春語
意皆出太冲然其含蓄頓挫則不遠也

男子運起寅

今之五行家學凡男子小運起於寅女子小運
起於申莫知何書所載淮南子氾論訓篇云禮
三十而娶許叔重注曰三十而娶者陰陽未分
時俱生於子男從子數左行三十年立於巳女
從子數右行二十年亦立於巳合夫婦故聖人
因是制禮使男子三十而娶女二十而嫁其男

子自巳數左行十得寅故人十月而生於寅故男子數從寅起女自巳數右行得申亦十月而生於申故女子數從申起此說正爲起運也

宰我作難

史記稱宰我爲齊臨菑大夫與田常作難以夷其族孔子恥之蘇子由作古史精爲辯之以爲子我者闞止也與田常爭齊政爲常所殺以其字亦曰子我故戰國之書誤以爲宰予此論旣出聖門高弟得免非義之謗東坡又引李斯諫

書謂田常陰取齊國殺宰予於庭是其不從田常故爲所殺也予又考之子路之死孔子曰由也死矣又曰天祝予哭於中庭使人覆醢其悲之如是不應宰我遇禍略無一言孟子所載三子論聖人賢於堯舜等語疑是夫子沒後所談不然師在而各出意見議之無復質正恐非也然則宰我不死於田常更可證矣而淮南子又有一說云將相攝威擅勢私門成黨而使道不行故使陳成田常鴟夷子皮得成其難使呂氏

絶祀子皮謂范蠡也蠡浮海變姓名游齊時簡公之難巳十餘年矣說苑亦云田常與宰我爭宰我將攻之鴟夷子皮告田常遂殘宰我此說尤爲無稽是以蠡爲助田氏爲齊禍其不分賢逆如此

古人占夢

漢藝文志七畧雜占十八家以黄帝長柳占夢十一卷甘德長柳占夢二十卷爲首其說曰雜占者紀百家之象候善惡之證衆占非一而夢

爲大故周有其官周禮太卜掌三夢之法一曰
致夢二曰觭夢三曰咸陟鄭氏以爲致夢夏后
氏所作觭夢商人所作咸陟者言夢之皆得周
人作焉而占夢專爲一官以日月星辰占六夢
之吉凶其別曰正曰噩曰思曰寤曰喜曰懼季
冬聘王夢獻吉夢于王王拜而受之乃舍萌于
四方以贈惡夢舍萌者猶釋采也贈者送之也
詩書禮經所載高宗夢得說周文王夢帝與九
齡武王伐紂夢叶朕卜宣王考牧牧人有熊羆

虺蛇之夢召彼故老訊之占夢左傳所書尤多孔子夢坐奠于兩楹然則古之聖賢未嘗不以夢爲大是以見於七略者如此魏晉方技猶時時或有之今人不復留意此卜雖市井妄術所在如林亦無一箇以占夢自名者其學殆絕矣

容齋續筆卷第十五

容齋續筆卷第十六　十六則

高德儒

唐高祖起兵太原使子建成世民將兵擊西河郡執郡丞高德儒世民數之曰汝指野鳥爲鸞以欺人主取高官吾興義兵正爲誅佞人耳遂斬之自餘不戮一人讀史不熟者但以爲史氏虛設此語以與指鹿爲馬作對耳按隋大業十一年有二孔雀飛集寶城朝堂前親衛校尉高德儒等十餘人見之奏以爲鸞時孔雀已飛去

無可得驗詔以德儒誠心冥會肇見嘉祥擢拜朝散大夫餘人皆賜束帛仍於其地造儀鸞殿距此時纔二年餘蓋唐溫大雅所著創業起居注載之不追書前事故也新唐書太宗紀但書云率兵徇西河斬其郡丞高德儒尤爲簡略賴通鑑盡紀其詳范氏唐鑑只論其被誅一節云

唐朝士俸微

唐世朝士俸錢至微除一項之外更無所謂料券添給之類者白樂天爲校書郎作詩曰幸逢

太平代天子好文儒小人難大用典挍在秘書俸錢萬六千月給亦有餘遂使少年心日日常晏如及爲翰林學士當遷官援姜公輔故事但乞兼京兆府户曹參軍既除此職喜而言志至云詔授户曹掾捧詔感君恩弟兄俱簪笏新婦儼衣巾羅列高堂下拜慶正紛紛喧喧車馬來賀客滿我門置酒延賀客不復憂空罇而其所得者亦俸錢四五萬廩禄二百石而已今之主簿尉占優飫處固有倍蓰於此者矣亦未嘗以

爲足古今異宜不可一槩論也楊文公在眞宗朝爲翰林學士而云虛忝甘泉之從臣終作若敖之餒鬼蓋是時尚爲鮮薄非後來比也

計然意林

漢書貨殖傳粵王句踐困於會稽之上迺用范蠡計然遂報彊吳孟康注曰姓計名然越臣也蔡謨曰計然者范蠡所著書篇名耳非人也謂之計然者所計而然也羣書所稱句踐之賢佐種蠡爲首豈復聞有姓計名然者乎若有此人

越但用半策便以致霸是功重於范蠡而書籍
不見其名史遷不述其傳乎顏師古曰蔡謨
矣古今人表計然列在第四等一名計研班固
賓戲研桑心計於無垠即謂此耳計然者濮上
人也嘗南遊越范蠡卑身事之其書則有萬物
録事見皇覽及晉中經簿又吳越春秋及越絕
書並作計倪此則倪研及然聲皆相近實一人
耳何云書籍不見哉予按唐正元中馬揔所述
意林一書抄類諸子百餘家有范子十二卷云

計然者葵丘濮上人姓辛字文子其先晉國之
公子也爲人有内無外狀貌似不及人少而明
學陰陽見微知著其志沇沇不肯自顯天下莫
知故稱曰計然時遨遊海澤號曰漁父范蠡請
其見越王計然曰越王爲人鳥喙不可與同利
也據此則計然姓名出處皎然可見裴駰注史
記亦知引范子北史蕭大圜云留侯追蹤於松
子陶朱成術於辛文正用此事曹子建表引文
子李善注以爲計然師古蓋未能盡也而文子

十二卷李暹注其序以謂范子所稱計然但其書一切以老子爲宗畧無與范蠡謀議之事意林所編文字正與此同所謂范子乃別是一書亦十二卷馬揔只載其敘計然及他三事云餘並陰陽曆數故不取則與文子了不同李暹之説誤也唐藝文志范子計然十五卷注云范蠡問計然答列於農家其是矣而今不存唐世未知尊孟氏故意林亦列其書而有差不同者如伊尹不以一介與人亦不取一介於人之類其

他所引書如胡非子隨巢子纏子王孫子公孫尼子阮子正部姚信士緯殷興通語牟子周生烈子秦菁子梅子任奕子魏朗子唐滂子鄒子孫氏成敗志蔣子譙子鍾子張儼默記裴氏新言袁淮正書袁子正論蘇子陸子張顯析言干子顧子諸葛子陳子要言符子諸書今皆不傳於世亦有不知其名者

思頴詩

士大夫發跡壠畝貴爲公卿謂父祖舊廬爲不

可居而更新其宅者多矣復以醫藥弗便飲膳
難得自村疃而遷於邑自邑而遷於郡者亦多
矣唯翩然委而去之或遠在數百千里之外自
非有大不得已則舉動爲不宜輕若夫以爲得
計又從而詠歌夸詡之著于詩文是其一時思
慮誠爲不審雖名公鉅人未能或之免也歐陽
公吉州廬陵人其父崇公葬于其里之瀧岡公
自爲阡表紀其平生而灬公中年乃欲居潁其思
潁詩序云予自廣陵得請來潁愛其民淳訟簡

土厚水甘慨然有終焉之志爾來思頴之念未嘗少忘于心而意之所存亦時時見於文字乃發舊稾得南京以後詩十餘篇皆思頴之作以見予拳拳於頴者非一日也又續詩序云自丁家難服除入翰林爲學士忽忽八年閒歸頴之志雖未遂然未嘗一日少忘焉至於今年六十有四免并得蔡蔡頴連疆因得以爲歸老之漸又得在亳及青十有七篇附之時熈寧三年也公次年致仕又一年而薨其逍遥於頴蓋無幾

時惜無一語及於松楸之思崇公惟一子耳公生四子皆爲頻人瀧岡之上遂無復有子孫臨之是因一代貴達而墳墓乃隔爲他壤予每讀二序輒爲太息嗟乎此文不作可也若東坡之居宜興乃因免汝州居住而至其後自海外北還無以爲歸復暫至常州巳而捐館文定公雖居許而治命反葬於眉山云

劉蕡下第

唐文宗大和二年三月親策制舉人賢良方正

劉蕡對策極言宦官之禍既而裴休李郃等二
十二人中第皆除官考官左散騎常侍馮宿太
常少卿賈餗庫部郎中龐嚴見蕡策皆歎服而
畏宦官不敢取詔下物論囂然稱屈諫官御史
欲論奏執政抑之李郃曰劉蕡下第我輩登科
能無厚顔乃上疏以爲蕡所對策漢魏以來無
與爲比今有司以蕡指切左右不敢以聞恐忠
良道窮綱紀遂絶臣所對不及蕡遠甚乞回臣
所授以旌蕡直不報　按是時宰相乃裴度韋

處厚寬易直易直不足言裴韋之賢顧獨失此至於抑言者使勿論奏豈不有愧於心乎蕡既由此不得仕於朝而李郃亦不顯蓋無敢用之也令狐楚牛僧孺乃能表蕡入幕府待以師禮竟爲宦人所嫉誣貶柳州司户李商隱贈以詩曰漢廷急詔誰先入楚路高歌自欲翻萬里相逢歡復泣鳳巢西隔九重門及蕡卒復以二詩哭之曰一叫千回首天高不爲聞又曰已爲秦逐客復作楚寃魂併將添恨淚一洒問乾坤其

悲之至矣甘露之事相去纔七年未知蕢及見之否乎

酒肆旗望

今都城與郡縣酒務及凡鬻酒之肆皆揭大帘於外以青白布數幅爲之微者隨其高卑小大村店或挂餅瓢標箒秆唐人多詠於詩然其制蓋自古以然矣韓非子云宋人有酤酒者斗槩甚平遇客甚謹爲酒甚美懸幟甚高而酒不售遂至於酸所謂懸幟者此也

賢宰相遭讒

一代宗臣當代天理物之任君上委國而聽之固爲社稷之福然必不使邪人參其間乃可不然必爲所勝姑以唐世及本朝之事顯顯者言之若褚遂良長孫無忌之遭李義府許敬宗張九齡之遭李林甫是已裴晉公相憲宗立淮蔡青鄆之功唐之威令紀綱既壞而復振可謂名宰矣皇甫鎛一共政則去不旋踵逭穆敬文三宗主既不明而元稹李逢吉宗閔更撼之使不

待一日安厥位趙韓王以佐命元勳而爲盧多遜所勝寇萊公爲丁謂所勝杜祁公韓范爲陳執中賈昌朝所勝富韓公爲王介甫所勝范忠宣爲章子厚所勝趙忠簡爲秦會之所勝大抵皆然也

宋齊丘

自用兵以來令民間以見錢紐納稅直既爲不堪然於其中所謂和買折帛尤爲名不正而斂最重偶閱大中祥符間太常博士許載著吳唐

拾遺録所載多諸書未有者其勸農桑一篇正云吳順義年中差官興版簿定租稅厥田上上者每一頃稅錢二貫一百文中田一頃稅錢一貫八百下田一頃千五百皆足陌見錢如見錢不足許依市價折以金銀筭計丁口課調亦科錢宋齊丘時爲員外郎上策乞虛擡時價而折紬綿絹本色曰江淮之地唐季已來戰爭之所今兵革乍息黎甿始安而必率以見錢折以金銀此非民耕鑿可得也無興販以求之是爲教

民棄本逐末耳是時絹每匹市價五百文紬六百文綿每兩十五文齊丘請絹每匹擡爲一貫七百紬爲二貫四百綿爲四十文皆足錢丁口課調亦請蠲除朝議喧然沮之謂虧損官錢萬數不少齊丘致書于徐知誥曰明公揔百官理大國督民見錢與金銀求國富庶所謂擁篲救火撓水求清欲火滅水清可得乎知誥得書曰此勸農上策也即行之自是不十年間野無閒田桑無隙地自吳變唐自唐歸宋民到于今受

其賜齊丘之事美矣徐知誥亟聽而行之可謂
賢輔相而九國志齊丘傳中略不書資治通鑑
亦佚此事今之君子爲國唯知浚民以益利豈
不有靦於偏閏之臣乎齊丘平生在所不論也

鹹杬子

玉篇唐韻釋杬字云木名出豫章煎汁藏果及
卵不壞異物志云杬子音元鹽鴨子也以其用
杬木皮汁和鹽漬之今吾鄉處處有此乃如蒼
耳益母莖幹不純是木小人爭鬬者取其葉挼

擦皮膚輒作赤腫如被傷以誣賴其敵至藏鴨
卵則又以染其外使若赭色云

月中桂兎

酉陽雜俎天咫篇載月星神異數事其命名之
義取國語楚靈王曰是知天咫安知民則之說
其紀月中蟾桂引釋氏書言須彌山南面有閻
扶樹月過樹影入月中或言月中蟾桂地影也
空處水影也子記東坡公鑒空閣詩云明月本
自明無心孰爲境挂空如水鑑寫此山河影我

觀大瀛海巨浸與天永九州居其間無異蛇盤
鏡空水兩無質相照但耿耿妄云桂兎蟇俗説
皆可屏正用此説其詩在集中題爲和黄秀才
頃予游南海西歸之日泊舟金利山下登崇福
寺有閣枕江流標曰鑒空正見詩牌揭其上蓋
當時臨賦處也

唐二帝好名

唐正觀中忽有白鵲營巢於寢殿前槐樹上其
巢合歡如腰鼓左右拜舞稱賀太宗曰我常笑

隋煬帝好祥瑞瑞在得賢此何足賀乃命毀其巢放鵲於野外明皇初即位以風俗奢靡制乘輿服御金銀器玩令有司銷毀以供軍國之用其珠玉錦繡焚於殿前天下毋得復采織罷兩京織錦坊予謂二帝皆唐之明主所言所行足以垂訓於後然大要出於好名鵲巢之與左右從而獻諛叱而去之可也何必毀其巢珠玉錦繡勿珍而尚之可也何必焚之殿前明以示外使家至戶曉哉治道貴於執中是二者懼不可

以爲法其後楊貴妃有寵織繡之工專供妃院者七百人中外爭獻器服珍玩嶺南經畧使張九皐廣陵長史王翼以所獻精靡九皐加三品翼入爲戶部侍郎天下從風而靡明皇之始終一何不同如此哉

周禮非周公書

周禮一書世謂周公所作而非也昔賢以爲戰國陰謀之書考其實蓋出於劉歆之手漢書儒林傳盡載諸經專門師授此獨無傳至王莽時

歆爲國師始建立周官經以爲周禮且置博士而河南杜子春受業於歆還家以教門徒好學之士鄭興及其子衆往師之此書遂行歆之處心積慮用以濟莽之惡莽據以毒痡四海如五均六筦市官賒貸諸所興爲皆是也故當其時公孫祿既已斥歆顛倒六經毀師法矣歷代以來唯宇文周依六典以建官至於治民發政亦未嘗循故轍王安石欲變亂祖宗法度乃尊崇其言至與詩書均匹以作三經新義其序略曰

其人足以任官其官足以行法莫盛乎成周之時其法可施於後世其文有見於載籍莫具乎周官之書自周之衰以至於今太平之遺迹掃蕩幾盡學者所見無復全經於是時也乃欲訓而發之臣知其難也以訓而發之之難則又以知夫立政造事追而復之之爲難則安石所學所行實於此乎出遂謂一部之書理財居其半又謂泉府凡國之財用取具焉歲終則會其出入而納其餘則非特摧兼并救貧阨因以足國

事之財用夫然故雖有不庭不虞民不加賦而國無乏事其後呂嘉問法之而置市易由中及外害徧生靈嗚呼二王託周官之名以爲政其歸於禍民一也

醉尉亭長

李廣免將軍爲庶人屏居藍田嘗夜從一騎出從人田閒飲還至亭霸陵尉醉呵止廣後廣拜右北平太守請尉與俱至軍而斬之上書自陳謝罪武帝報曰報忿除害朕之所圖於將軍也

王莽竊位尤備大臣抑奪下權大司空士夜過奉常亭亭長呵之告以官名亭長醉曰寧有符傳邪士以馬箠擊亭長亭長斬士亡郡縣逐之家上書莽曰亭長奉公勿逐大司空王邑斥士以謝予觀此兩亭尉長其醉等耳霸陵尉但呵止李廣而廣殺之武帝不問奉常亭長殺宰士而王莽反以奉公免之亦可笑也

三易之名

三易之名一曰連山二曰歸藏三曰周易皆以

兩字爲義今人但稱周易曰易非也夏曰連山其卦以純艮爲首艮爲山山上山下是名連山雲氣出内於山故名易爲連山商曰歸藏以純坤爲首坤爲地萬物莫不歸而藏於中故名爲歸藏周曰周易以純乾爲首乾爲天天能周匝於四時故名易爲周也大簇爲人統寅爲人正夏以十三月爲正人統人無爲卦首之理艮漸正月故以艮爲首林鍾爲地統未之衝丑故爲地正商以十二月爲正地統故以坤爲首黃鍾

爲天統子爲天正周以十一月爲正天統故以乾爲首此本出唐賈公彥周禮正義之說予整齊而紀之所謂十三月者承十二月而言即正月耳後漢陳寵論之甚詳本出尚書大傳

忠臣名不傳

古今忠臣義士其名載於史策者萬世不朽然有不幸而泯没無傳者南唐後主溼於浮圖氏二人繼踵而諫一獲徒一獲流歙人汪煥爲第三諫極言請死云梁武事佛刺血寫佛經散髮

與僧踐捨身爲佛奴屈膝禮和尚及其終也餓死于臺城今陛下事佛未見刺血踐髮捨身屈膝臣恐他日猶不得如梁武之事後主覽書赦而官之又有淮人李雄當王師弔伐出守西偏不遇其敵雄以國城重圍不忍端坐遂東下以救之陣于溧陽與王師遇父子俱沒諸子不從行者亦死他所死者凡八人李氏訖亡不霑褒贈其事僅見於吳唐拾遺録頃嘗有旨合九朝國史爲一書他日史官爲列之於李煜傳庶足

以慰二人於泉下歐陽公作吳某墓誌云李煜時爲彭澤主簿曹彬破池陽遣使者招降郡縣其令欲以城降某曰吾能爲李氏死爾乃殺使者爲煜守煜已降某爲游兵執送軍中主將責以殺使者曰固當如是主將義而釋之其事雖粗見而集中只云譁某爲可惜也如靖康之難朱昭等數人死於震武城之類予得朱弁所作忠義録於其子林乃爲作傳於四朝史中蓋惜其無傳也

唐人酒令

白樂天詩鞍馬呼教住骰盤喝遣輸長驅波卷白連擲采成盧注云骰盤卷白波莫走鞍馬皆當時酒令予按皇甫松所著醉鄉日月三卷載骰子令云聚十隻骰子齊擲自出手六人依采飲焉堂印本采人勸合席碧油勸擲外三人骰子聚於一處謂之酒星依采聚散骰子令中改易不過三章次改鞍馬令不過一章文有旗幡令閃擪令拋打令今人不復曉其法矣唯優伶

家猶用手打令以爲戲云